für 45 Minuten

Gerlinde Blahak

Klasse 3/4

Kurze Projekte für schnelle Erfolge

Verlag an der Ruhr

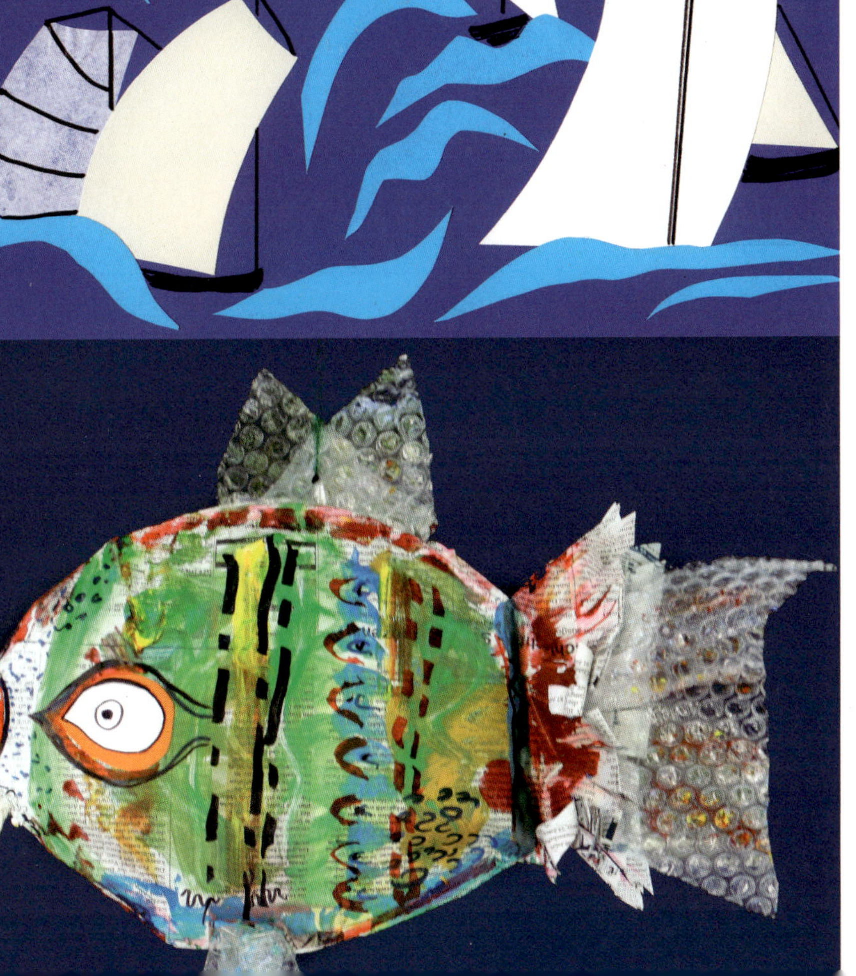

Impressum

Titel
30 x Kunst für 45 Minuten – Klasse 3/4
Kurze Projekte für schnelle Erfolge

Autorin
Gerlinde Blahak

Umschlagmotive
Fotos: Gerlinde Blahak; Uhr-Icon, Notizzettel: © Verlag an der Ruhr

Abbildungen und Fotos im Innenteil
Gerlinde Blahak (soweit nicht anders angegeben)

Druck
AZ Druck und Datentechnik GmbH, Kempten, DE

Verlag an der Ruhr
Mülheim an der Ruhr
www.verlagruhr.de

Geeignet für die Altersstufen 8–10

ISBN 978-3-8346-0626-6

Kurze Projekte für die Kleinen:

30 x Kunst für 45 Minuten – Klasse 1/2
Kurze Projekte für schnelle Erfolge
Birgit Brandenburg
Kl. 1–2, 96 S., A4, Paperback, farbig
ISBN 978-3-8346-0625-9

Inhaltsverzeichnis

Vorwort

Liebe Leser*,

mit diesem Buch möchte ich Kunsterzieher und besonders Lehrer ansprechen, die das Fach Kunst fachfremd unterrichten. Es soll Sie gezielt bei Ihrer Arbeit unterstützen, denn alle Projektideen sind praxiserprobt und mit detaillierten Schritt-für-Schritt-Anweisungen sowie Extra-Tipps und Skizzenblättern versehen. Das benötigte Material ist meist vorhanden und erlaubt so den kurzfristigen Einsatz ohne Zeit raubende Vorbereitungen.

Das Buch soll außerdem ...

1. **...** beweisen, dass es sich lohnt, innerhalb eines knappen Zeitkontingents von 45 Minuten mit der Klasse eine neue Aufgabe in Angriff zu nehmen. Dies trifft besonders auf Vertretungsstunden oder „Reststunden" vor den Ferien zu. Einige Vorschläge können Sie jedoch auch auf etwa 60 Minuten ausdehnen, um den Schülern somit mehr Zeit zum Experimentieren zu geben.
2. **...** zeigen, dass die Schüler durch den Wechsel von Techniken und Methoden auch bei Kurzprojekten neue Erfahrungen sammeln und bereits Gelerntes erfolgreich anwenden können. Überdies wecken „ungewöhnliche" Aufgabenstellungen ihre Neugier und Motivation.
3. **...** trotz sehr gezielter Vorgaben zu vielfältigen Schülerlösungen führen, die als kleine „Kunstwerke" präsentiert werden sollten.

Sie alle kennen diese beiden Situationen:

a) Morgens erfahren Sie, dass Sie Vertretungsunterricht in einer wenig bekannten Klasse geben müssen. Dem Kollegen möchten Sie nicht gerne in die Mathe- oder Deutschthemen „hineinpfuschen", aber trotzdem soll der Unterricht Spaß machen und Kompetenzen fördern. Wieder einmal schnell zum Kopierer und irgendein Arbeitsblatt als Beschäftigungstherapie durchziehen?

b) Der Kunstunterricht wird in dieser Woche in der eigenen Klasse wieder einmal zu kurz kommen, weil andere größere Projekte anstehen oder die zur Verfügung stehenden Wochenstunden gerade zur Abdeckung der Hauptfächer ausreichen werden. Doch Zeit für eine kleine Kunstidee könnten Sie doch noch „abzwacken".

Kunst für 45 Minuten soll Ihnen helfen, solche und ähnliche Situationen souverän zu meistern. Um sich einen schnellen Überblick zu verschaffen, habe ich die Themen inhaltlich kurz und prägnant dargestellt, mit Beispielen von Schülerarbeiten versehen und eine Materialliste aus der Anleitung ausgekoppelt. Die Darstellung erleichtert es Ihnen, sich in nur kurzer Lesezeit in das Thema einzufinden. Zu vielen Themen müssen Sie Bilder und Arbeitsblätter im Vorfeld vergrößern. Fertigen Sie vor dem Einsatz

* Aus Gründen der besseren Lesbarkeit haben wir in diesem Buch durchgehend die männliche Form verwendet. Natürlich sind damit auch immer Frauen und Mädchen gemeint, also Lehrerinnen, Schülerinnen etc.

der Themen alle Folien für den Overheadprojektor an, und sammeln Sie sie gesondert in einer Mappe. Das ist nur ein einmaliger Zeitaufwand, und die Folien sind zu einem späteren Zeitpunkt schnell zur Hand. Sollte es Ihre Zeit und Materialsituation zulassen, können Sie die Kopiervorlagen auch einscannen und mit dem Beamer an die Wand projizieren. Ob Sie Kopiervorlagen benötigen, können Sie schnell und einfach in den Inhaltsübersichten auf S. 3 nachsehen.

Viele Materialien, die bei den Angeboten benötigt werden (Zeichenblock, Farbkasten, Filzstifte, Klebstoff, Schere etc.), haben die Schüler meist in der Tasche oder im Materialfach der Klasse. Um doch für alle Fälle „gewappnet" zu sein und genügend Materialien auch für spontane Vertretungsstunden zur Hand zu haben, sollten Sie sich eine „Notfallkiste" mit diesen „Basisutensilien" anlegen und mit in den Unterricht nehmen.

Ich wünsche allen Kollegen, die mit diesem Buch arbeiten, viel Erfolg!

Gerlinde Blahak

Jahrgangsstufe 3

Sommerbild

Kurzbeschreibung

Aus bewegten Linien und Buchstaben gestalten die Schüler das Bild einer Wasserfläche mit Delfin.

Material

- Zeichenpapier (DIN A3 oder DIN A4)
- Bleistift, Radiergummi
- Filzstifte oder Buntstifte
- Kopiervorlage (S. 40) als Folie
- Overheadprojektor

So geht es

1. Delfin

Die Schüler legen das Zeichenpapier im Querformat vor sich hin. Den Delfin zeichnen sie zunächst mit Bleistift in die obere Blatthälfte. Er wird aus einem länglichen Oval (1) und Dreiecken (2 und 3) entwickelt.
Danach werden der Nasenhöcker und das Auge ergänzt. Lassen Sie überflüssige Hilfslinien ausradieren.

Demonstrieren Sie den „Aufbau" des Delfins mit Hilfe der Kopiervorlage am Overheadprojektor.

2. Meereswellen

Die Schüler zeichnen drei bewegte Linien als Wellenbänder. Sie laufen vom linken Blattrand zum rechten hinter und unter dem Delfin vorbei. Wellenberge und -täler sollen in einem jeweils anderen „Rhythmus" verlaufen.

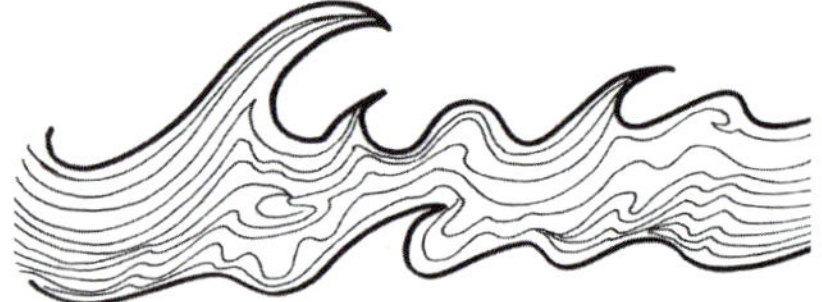

3. Schriftzug „Sommer"

Zwischen die beiden unteren skizzierten Wellenlinien schreiben die Schüler mit Bleistift das Wort „Sommer".
Sie können eine weit auseinandergezogene Schreibschrift, Großbuchstaben oder eine Fantasieschrift verwenden.
Wichtig ist, dass die Buchstaben sich genau in die Fläche einfügen. Das heißt, dass sie zwar ihre Richtung wechseln können, aber immer von der unteren bis zur oberen Begrenzungslinie reichen. Nachträglich gibt man den Buchstaben „Volumen" und erweitert die Linien zu Flächen.

Das Bild kann auch mit anderen Schriftzügen gestaltet werden: Schwimmfest, Wasser, Ferien …

4. Ausarbeitung

- Die Umrisse des Delfins werden mit schwarzem Filzstift nachgezogen. Die Binnenfläche bleibt unbearbeitet und hebt sich zum Schluss als weiße Form gut vom Untergrund ab.
- Die „Wellen"-Linien werden mit blauem oder grünem Filzstift nachgezogen. Die Zwischenflächen füllen die Schüler dann mit bewegten Linien auf. Diese folgen der vorgegebenen Richtung und verlaufen mehr oder weniger parallel dazu. Sie können sich annähern oder weiter entfernt verlaufen, dürfen sich aber nicht überschneiden. Es ist auch möglich, Teilflächen mit Buntstiften in Blau oder Grün zu schraffieren oder noch zusätzlich Wellen einzuzeichnen. Die Fläche hinter dem Schriftzug kann frei bleiben.
- Die Buchstaben werden in ihren Umrissen nachgezogen. Dabei können die Schüler auch andere Farben, wie Gelb oder Rot, verwenden. Die schmalen Binnenflächen der Buchstaben erhalten Muster (Streifen, Punkte, Karos …).

Näh-Utensilien

Kurzbeschreibung Die Schüler zeichnen ihre Hand und Gegenstände, die man für Näharbeiten braucht.

Material

- Zeichenpapier (DIN A4)
- Bleistift, Radiergummi
- Filzstifte
- Kugelschreiber
- Schere (als Schablone)
- ggf. auch typische Näh-Utensilien: Fingerhut, Nadel, Faden, Spulen, Knöpfe, Sicherheitsnadeln, …

So geht es

1. Hand

- Die Schüler legen ihr Zeichenblatt senkrecht vor sich hin.
- Sie legen die linke oder rechte Hand mit leicht gespreizten Fingern auf das Blatt.
- Sie sollte nicht im Zentrum liegen, sondern von einem der Seitenränder her ins Bild ragen. Mit einem Bleistift, der so steil wie möglich gehalten wird, fahren die Schüler die Umrisse der Hand nach und ergänzen den Arm bis zum Rand des Blattes.
- An einem der Finger soll ein Fingerhut sitzen, der wie eine Kappe übergestülpt wird.
- An die anderen Finger zeichnen die Schüler Fingernägel. Die Nägel stehen etwas über die Fingerkuppe hinaus. Überflüssige Bleistiftstriche werden wegradiert.
- An einem oder mehreren Fingern werden die Umrisse von Ringen skizziert.

2. Näh-Utensilien

Die Kinder zeichnen Schere, Nadel mit Öhr und Faden, Garnrolle(n), Knöpfe in verschiedenen Größen und Ausführungen, Sicherheitsnadeln … auf das Blatt.

- *Lassen Sie die Kinder die mitgebrachten Näh-Utensilien vorher genau anschauen.*
- *Zum Zeichnen der Schere wird eine Schere, leicht geöffnet, auf das Blatt gelegt und in ihren Umrissen mit Bleistift nachgezeichnet.*

3. Ausarbeitung

- Bei allen dargestellten Objekten werden die Umrisslinien mit schwarzem Filzstift oder Kugelschreiber nachgezogen.
- Schere, Knöpfe, Fingerhut und Schmuckstücke werden mit Mustern (farbige Filzstifte) ausgestaltet.

Zusätzlich könnten die Schüler noch ein „Nagel-Design" oder Stoffstücke mit Nähten entwerfen.

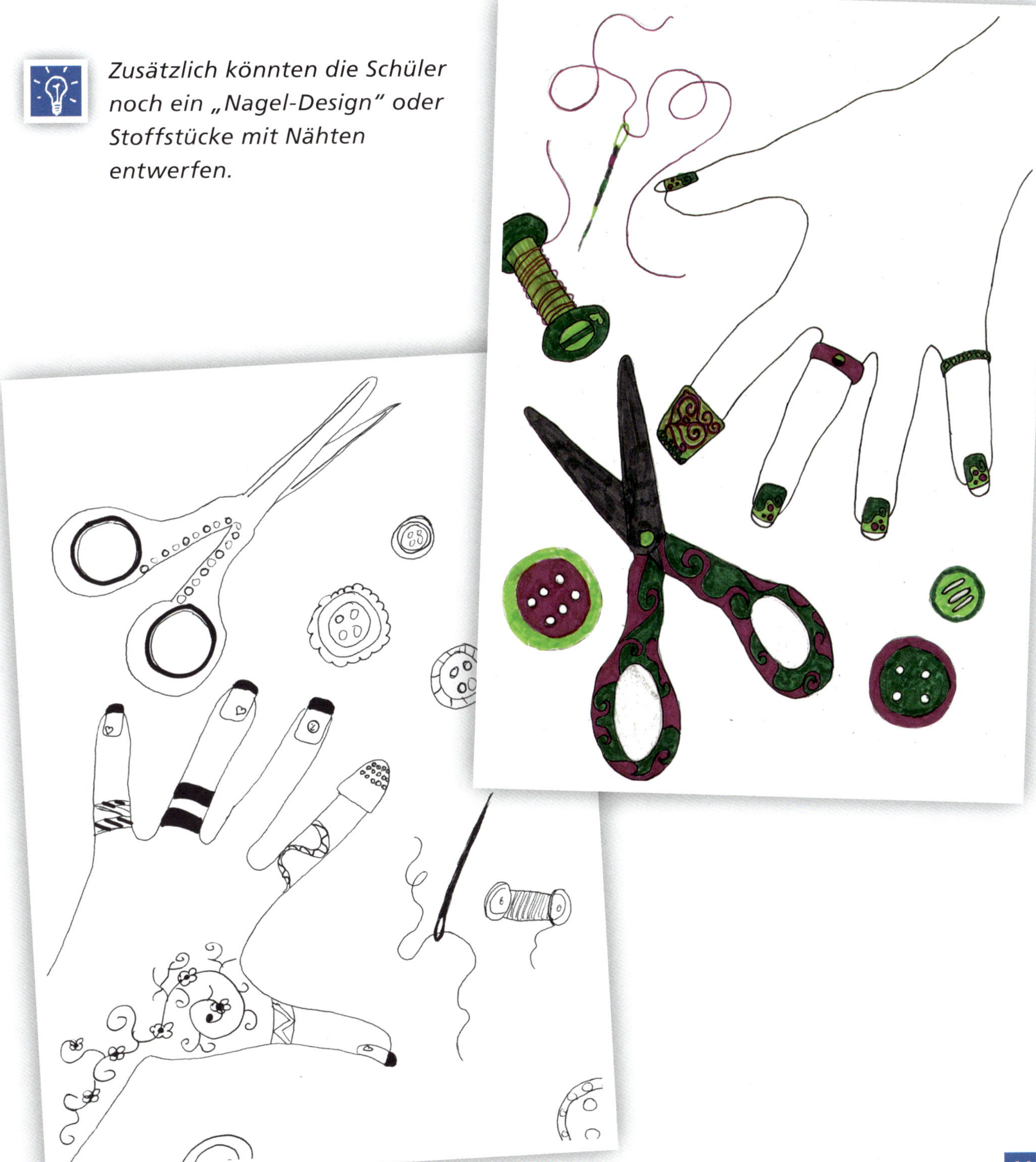

Bilder-Rahmen

Kurzbeschreibung

Mit Hilfe von Schablonen gestalten die Schüler sich wiederholende Ornamente für Rahmen, mit denen sich Texte und Bilder dekorativ einfassen lassen.

Material

- Reste von Fotokarton oder Pappe (ca. 15 cm x 5 cm)
- verschiedene Münzen
- weißes Kopierpapier (DIN A4)
- Bleistift
- Schere
- Filzstifte
- Lineal
- Texte und Bilder, die einen „Rahmen" bekommen sollen
- Kopiervorlage (S. 41) als Folie
- Overheadprojektor

So geht es

1. Schmuckränder mit der Pappschablone

1

- Die Schüler schneiden sich ein Stück Pappe mit den Ausmaßen 15 cm x 5 cm zurecht. Mit Lineal und Bleistift zeichnen sie in die Mitte der Fläche ein Rechteck von ca. 11 cm x 1,5 cm ein (vgl. Skizze 1).
- Das Rechteck wird ausgeschnitten, wobei eine Schmalseite mit durchtrennt wird.
- Die entstandene Pappschablone wird auf den Rand eines
- Blattes gelegt, das verziert werden soll.
- In die ausgeschnittene Fläche zeichnen die Schüler beliebige, sich wiederholende Muster mit Filzstift (vgl. Skizze 2a–c). Dabei sollte der Stift immer unten und oben an die Kante des Ausschnitts stoßen, sodass die Ornamente jeweils an einer unsichtbaren, aber geraden Linie enden, wenn man die Schablone abnimmt.
- Durch Weiterschieben der Schablone am Rand des Blattes kann die Musterreihe beliebig verlängert werden.

2. Spiralen aus Münzen

- Als Erstes ziehen die Schüler eine Bleistiftlinie in ca. 3–4 cm Entfernung vom Blattrand.
- Auf diese Linie platzieren die Schüler die Münzen so, dass sie die Linie berühren. Sie sollten mindestens zwei Münzen verschiedener Größe verwenden. Sie verwenden

die Münzen als Kreisschablonen und fahren die Umrisse mit Bleistift nach.

- Mit Filzstift werden nun diese Kreise nachgezogen und zu Spiralen umgearbeitet (vgl. Skizze 3).
- Hilfslinien werden anschließend ausradiert.

3

3. Ecklösungen für Rahmen

An den Ecken wird zunächst eine kleine quadratische Fläche ausgespart. Dort hinein und darüber hinaus entwerfen die Schüler ein anderes ausladenderes Ornament (vgl. Skizze 4a).

4a 4b

An der Oberkante lassen sich Rahmen auch mit einer Art „barockem“ Aufbau versehen (vgl. Skizze 4b).

- *Lassen Sie nur eine Ecke und die zwei angrenzenden Seiten gestalten.*
- *Planen Sie bereits vor dem Schreiben der Texte/Malen der Bilder genügend Platz für Rahmen ein.*
- *Die Rahmen können auch gesondert gestaltet und später, überlappend über Text oder Bild, geklebt werden.*

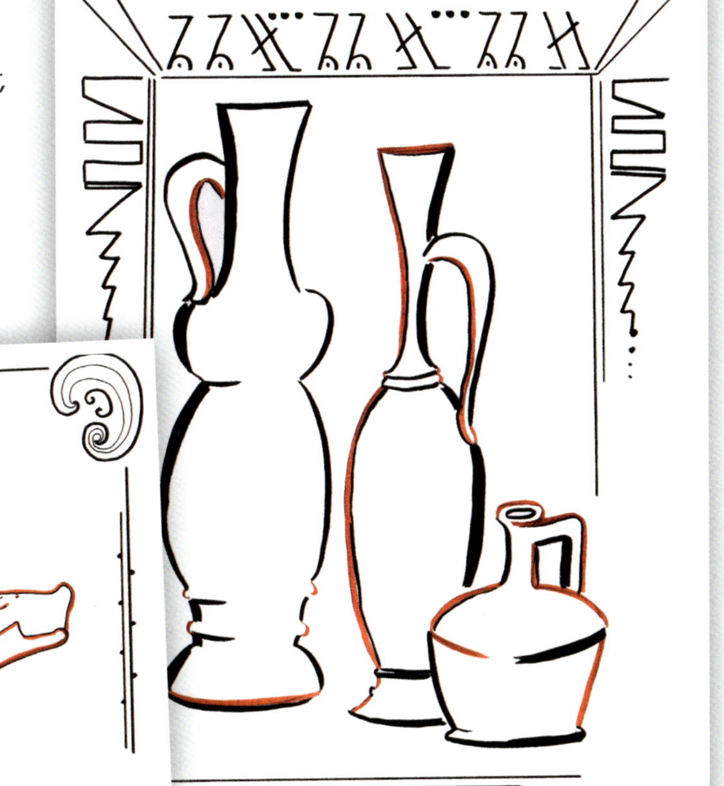

Wege durchs Schulhaus

Kurzbeschreibung Auf einem Grundriss-Plan eines Schulgebäudes zeichnen die Schüler den Weg zu einem Klassenzimmer ein und geben dabei Kommentare in Form von Sprechblasen.

Material

- Kopien eines selbsterstellten Schulgebäude-Grundriss-Plans (DIN A3)
- Filzstifte
- Kopiervorlage (S. 42)

So geht es

1. Der Grundriss

Erstellen Sie einen frei erfundenen Lageplan mit verschiedenen Klassenzimmern und Fachräumen. Er sollte etwa das Format DIN A4 haben und sich in der Mitte eines DIN-A3-Blattes befinden, damit noch Fläche am Rand bleibt, in die die Schüler ihre Sprechblasen und Kommentare setzen können.

Falls es Ihre Zeit und die Situation zulässt, können Sie auch auf einen „echten" Lageplan Ihres Schulgebäudes zurückgreifen. Das Thema eignet sich dann gut als Einstiegsarbeit in ein neues Schuljahr unter dem Aspekt „Sich in einem neuen Umfeld zurechtfinden".

2. Die Welt der Comics: Sprech- und Geräuschblasen

Erarbeiten Sie zusammen mit den Schülern die Merkmale von Geräuschblasen in Comics an der Tafel, wie hier im Beispiel angeführt, oder verteilen Sie die Kopiervorlage:

1. Verwendung von Großbuchstaben
2. Einsatz von Frage- und Ausrufezeichen
3. Kräftige (schwarze) Umrisslinien
4. Denkblasen in „Wolkenform"
5. Lautmalende Wörter: Zack, Poing ...
6. Wort- und Buchstabenwiederholungen

3. Zur Bearbeitung des Themas

Geben Sie den Schülern folgende Hinweise:

- Zeichne den Weg durchs Schulgebäude bis in ein Klassenzimmer. Kleine, dicht aneinandergereihte Pfeile deuten an, wo der Fußgänger entlang geht.

Wege durchs Schulhaus

- Zeichne keine Personen ein.
- Auf dem Weg unterhält sich der Fußgänger mit Klassenkameraden oder hört, was sie sich zurufen. Schreibe das in entsprechende Sprechblasen.
- Auch Treppensteigen, herunterfallende Gegenstände oder Kauen des Pausenbrotes erzeugen Geräusche! Versuche, diese Laute darzustellen.
- Auf dem Weg kommt der Fußgänger an Räumen vorbei, in denen der Unterricht gerade beginnt (Musikraum, Kunstraum, Turnhalle). Schreibe in Geräuschblasen, was man aus diesen Zimmern hören kann.
- Achte darauf, dass man den Inhalt der Geräuschblasen gut lesen kann.
- Arbeite mit vielen bunten Filzstiften.
- Du kannst das Blatt bei der Bearbeitung auch drehen!

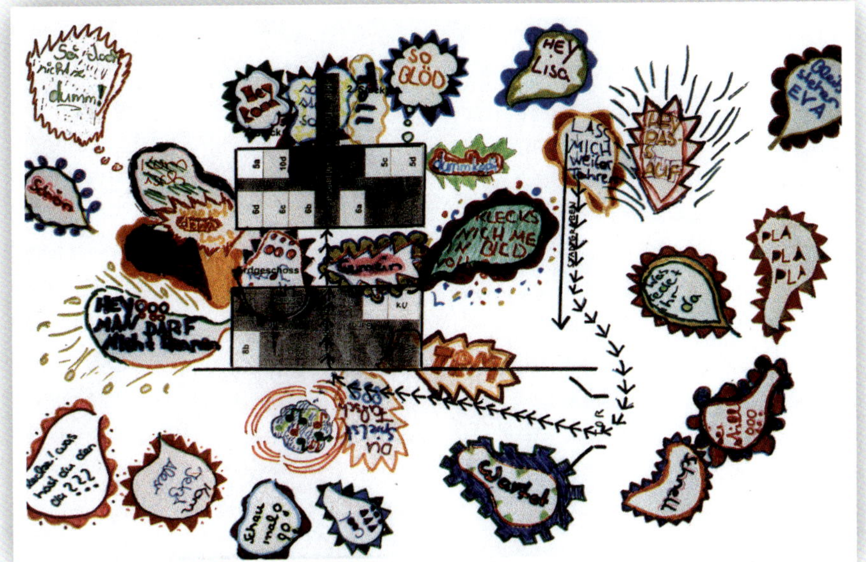

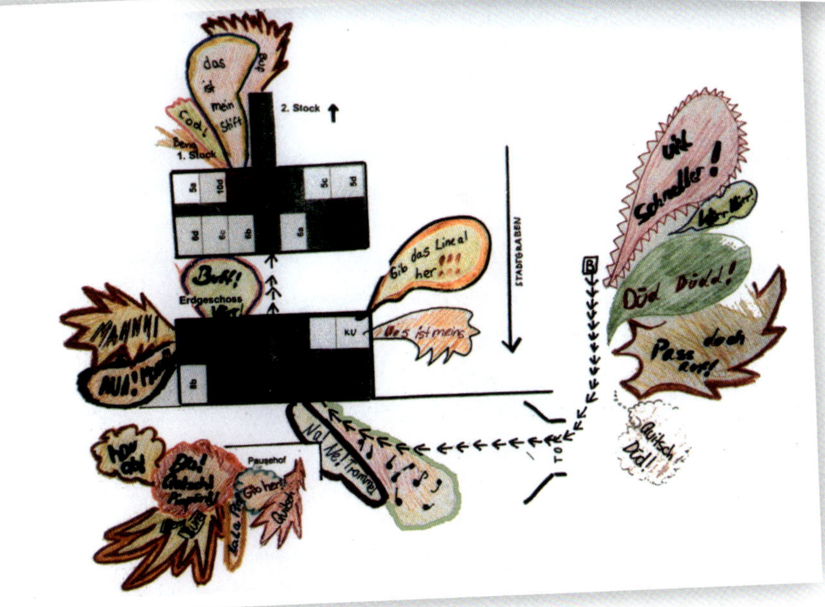

Geheime Zeichen

Kurzbeschreibung

Die Kinder gestalten Lesezeichen mit geheimnisvollen Symbolen aus der Welt der Indianer.

Material

- Fotokartonstreifen in Weiß oder Schwarz (5 cm x 22 cm)
- schwarze Filzstifte oder weiße Buntstifte
- Bleistift
- Kopiervorlage (S. 43) als Folie
- Skizzenblatt
- Schere
- Lineal
- Overheadprojektor

So geht es

1. Symbole betrachten und erfinden

- Zeigen Sie zunächst die Kopiervorlage als Folie.
- Lassen Sie Schüler Vorschläge dazu machen, welche Begriffe noch ergänzt werden könnten (zum Beispiel – gut, Liebe, Feindschaft, hören, schwimmen, Wald, willkommen, Hase, Bär, Büffel ...). Fordern Sie die Schüler auf, für diese Begriffe einfache Zeichen zu erfinden und auf das Skizzenblatt zu malen.

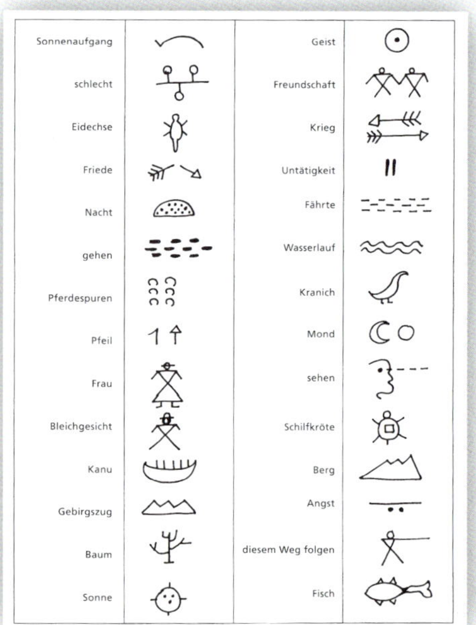

2. Gestaltung des Lesezeichens

- Die Schüler legen den Fotokartonstreifen senkrecht vor sich hin und teilen eine ca. 5 cm x 4 cm große Fläche an einer Schmalseite ab, die zunächst nicht bearbeitet wird.
- Die einzelnen Symbole werden nun untereinander angeordnet. Die Schüler verwenden entweder Zeichen, die auf der Folie zu sehen sind, oder wählen selbst erfundene Symbole und platzieren sie nicht zu dicht untereinander (Bleistiftarbeit!). Alle Zeichen sollen in gleichem Abstand untereinander angeordnet werden und den seitlichen Rand nicht berühren.
- Sollten sie weißen Fotokarton verwenden, werden die Bleistiftlinien mit schwarzen Filzstiften nachgezogen. Verwenden sie schwarzen Fotokarton, erfolgt diese Arbeit mit weißen Buntstiften.
- Zum Schluss wird die am Anfang reservierte Fläche mit der Schere fransenartig eingeschnitten.

3. Einsatzmöglichkeiten

Das Lesezeichen können die Schüler als originelles Mitbringsel verschenken. Wie bei einer Grußkarte, versehen sie dann die Rückseite mit einem Schriftzug. Sie können die Lesezeichen auch auf einem Klassenbasar (Elternabend!) anbieten.

Die Indianer Nordamerikas, besonders im Südwesten der USA, hinterließen auf Felswänden geheimnisvolle Symbole oder Schriftzeichen, die man heute weitgehend entschlüsselt hat. Zeigen Sie ein Bild des so genannten „Newspaper Rock" (Utah), zu finden mit der Suchmaschine Google -> Bilder. Die Aufgabe eignet sich gut, um ein Projekt über „Indianer" abzurunden.

Eierköpfe

Kurzbeschreibung

Mit einer geteilten Papierschablone in Eierform gestalten die Schüler skurrile Karikaturen und geben die Unterhaltung von zwei Personen in Sprechblasen wieder.

Material

- 2 Blatt Zeichenpapier (DIN A4)
- Bleistift
- Filzstifte
- Schere
- Klebestift

So geht es

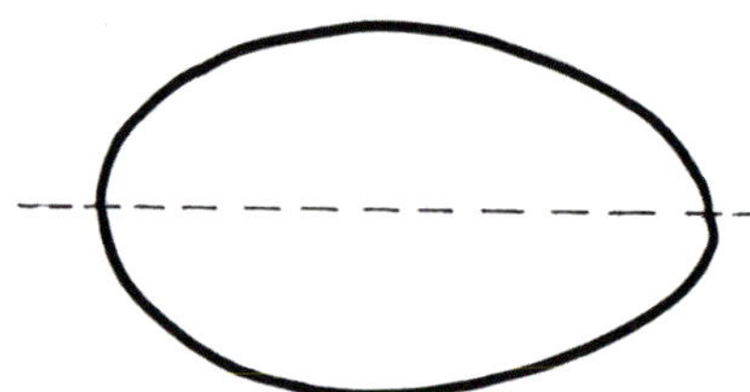

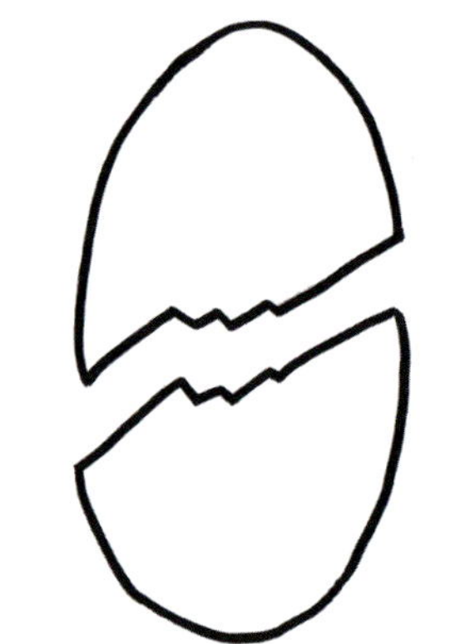

1. Eierköpfe aus Schablonen

- Die Schüler falten ein weißes Blatt Papier so, dass sie, mit der Knickkante als Trennlinie, ein halbes Oval vorzeichnen können. Sie schneiden es doppelt aus. Aufgeklappt ergibt sich eine Schablone in Ei-Form.
- Diese Form wird quer mit einer Zackenlinie zerschnitten. So entstehen zwei „Köpfe", wobei jedes Teil für sich genommen witzige Nasen-, Mund- und Kinnformen aufweist.
- Die Köpfe werden so auf ein DIN-A4-Blatt geklebt, dass sie einander zugewandt sind. Zwischen den Profilen muss genügend Platz für Sprechblasen gelassen werden!
- Um die Umrisse besser hervorzuheben, werden die Schnittkanten der Köpfe mit Filzstift in einer beliebigen Farbe nachgezogen.
- Die Schüler entscheiden jetzt, welche Zacken oder Ausbuchtungen als Nase oder Lippen gestaltet werden. Mit dünnem, schwarzem Filzstift zeichnen sie außerdem Augen, Ohren, Augenbrauen ein. Der Hinter- und Oberkopf bekommt Locken, eine Schleife oder Mütze. Dabei zeichnet man einfach über die vorhandenen Konturen hinaus.

2. Körper für die Eierköpfe

Da die dargestellten Personen witzig wie Karikaturen erscheinen sollen, zeichnen die Schüler sehr kleine Körper mit unverhältnismäßig kurzen Armen und Beinen hinzu: Sie können das zunächst mit Bleistift tun und dann später die Flächen mit Filzstiften ausgestalten.

Als weitere Möglichkeit bietet sich an, die bearbeitete Kopfschablone als Kopf und Körper in einem zu sehen und Arme und Beine, wiederum sehr klein und dünn, gleich aus der Kopfform „herauswachsen“ zu lassen.

3. Sprechblasen

- Die Gesprächspartner haben sich etwas zu sagen: Aus dem jeweiligen Mund „entweicht“ eine große Sprech- oder Geräuschblase. Die Ränder der Blasen werden mit dickem, schwarzem Filzstift betont.
- In die Blase schreiben die Schüler lustige, kurze Texte. Dabei verwenden sie, wie in einem Comic, Großbuchstaben, Ausrufezeichen, Fragezeichen usw. Es sollte zunächst mit Bleistift vorgeschrieben werden, damit der Text auch gut in die vorgesehene Fläche passt.
- Zum Schluss werden mit Filzstiften noch weitere farbige Akzente gesetzt: in Kleidungsstücke, Schmuck, Buchstabenflächen …

- *Geben Sie ein Thema vor: Ferien, Hausaufgaben, Haustiere, am frühen Morgen, Fernsehzeit …*
- *Lassen Sie zwei verschieden große Gesprächspaare auf dem Blatt darstellen, die sich über ein Thema unterhalten.*
- *Es können auch (sehr klein!) Gegenstände (Auto, Schreibtisch, Teller …) oder Tiere mit ins Bild einbezogen werden, um die Situation zu verdeutlichen.*

Namenszug

Kurzbeschreibung

Die Schüler versehen Eisenbahnwaggons im Graffiti-Stil mit dem eigenen Namenszug.

Material

- Kopiervorlagen (S. 44–46) in DIN A4
- Filzstifte
- Buntstifte
- Bleistift
- Lineal
- Schere
- Tonpapierreste
- Klebestift

So geht es

1. Einen Schriftzug ins Bild setzen

- Zunächst ziehen die Schüler mit Bleistift Hilfslinien über die auf der Kopie abgebildete Waggonfläche: Entweder mindestens eine waagrechte Linie, auf der die Buchstaben (auch in unterschiedlicher Höhe) gezeichnet werden, oder zwei Linien, die sich wie die Strahlen eines Lichtkegels von einer Ecke aus über die Waggonfläche ziehen (vgl. Beispiele nächste Seite).
- Zwischen diese Hilfslinien schreiben die Schüler ihren Vornamen: in Großbuchstaben, die in Umrissverdoppelung erscheinen, zusammen mit Symbolen wie Ausrufe- oder Fragezeichen, Schlangen, Händen, Herzen …
- Dabei zeichnen sie über Fenster und Türen hinweg.
- Die Buchstaben werden farbig ausgestaltet: Mit Mustern, farbigen Konturen, Ausfüllen von Teilflächen oder Ausfüllen der Zwischenräume.

Wichtig: Im Bereich der Türen oder Fenster werden die Bleistiftlinien anschließend ausradiert. Somit läuft der Schriftzug hinter den Fenstern vorbei! Die übrigen Hilfslinien werden mit Filzstiften und Lineal nachgezogen und in die Gestaltung integriert.

2. Die restlichen Waggonteile gestalten

Die Schüler wählen ein bis zwei kräftige, kontrastierende Farbtöne aus, die sich gut von dem gestalteten Graffiti abheben, und malen die restliche Waggonfläche aus.

Für die Gestaltung der Fenster gibt es zwei Möglichkeiten: Die Innenfläche der Fenster wird ausgeschnitten und mit Tonpapier in einer dunkleren Farbe (blau, grün, grau) hinterlegt, das auf die Rückseite des Bildes geklebt wird. Die Fenster (Glasflächen) werden mit Parallel-Schraffuren versehen. Dazu verwenden die Schüler einen dünnen schwarzen Filzstift.
Räder und Kupplungsteile werden mit Bleistift akzentuiert.

Die „Waggons" mit den Namenszügen ergeben, aneinandergereiht, ein Wandbild für die ganze Klasse. Fügen Sie dazu noch eine Lok mit der Graffiti-Aufschrift „3a", „3b" hinzu, die von Ihnen oder einzelnen Schülern gestaltet wird.

Gedeckter Tisch

Kurzbeschreibung Die Schüler gestalten einen gedeckten Tisch in wechselnden Perspektiven.

Material

- Zeichenpapier (DIN A4)
- Buntstifte
- Filzstifte
- Bleistift
- Lineal

So geht es

1. Die Tischplatte

- Das Zeichenpapier wird senkrecht genommen. Für die Zeichnung betragen die Abstände zum oberen und unteren Bildrand 8 bzw. 5,5 cm (Hilfslinien!).
- Die Schüler skizzieren dann mit Bleistift und Lineal eine quadratische Tischplatte (ca. 15 cm x 15 cm) auf.
- An der unteren Quadratseite wird eine schmale Fläche von 2 cm x 15 cm abgetrennt. An den Schmalseiten verbreitert sich die Fläche etwas nach unten, sodass ein Trapez entsteht, das sich an die Tischfläche anschließt. Es soll die überhängende Fläche einer Tischdecke darstellen.
- Auf die eigentliche Tischplatte zeichnen die Schüler mit Bleistift neben- und untereinander Gegenstände und Speisen, die auf einem gedeckten Tisch zu finden sind: Teller, Kannen, Schüsseln, Platten, Besteck, Kuchen, Früchte …
- Weisen Sie darauf hin, dass alles jeweils entweder in Draufsicht oder in Seitenansicht dargestellt werden darf. Die Fläche sollte gut ausgenutzt werden.

2. Stuhl und Tischbeine

- Am oberen Ende des Tisches ist noch der Teil einer Stuhllehne sichtbar. Sie kann verschnörkelt oder sehr schlicht gestaltet werden (Einsatz des Lineals!).
- Am unteren Ende der Platte sieht man zwei Tischbeine, die unter der Decke hervorragen.

3. Ausarbeitung

- Tischdecke: Die Schüler arbeiten mit Lineal und einem beliebigen Bunt- oder Filzstift. Sie gestalten eine gestreifte Tischdecke, deren Streifen senkrecht hinter den vorgezeichneten Gegenständen vorbeilaufen. Dabei wird auch die überhängende Trapezfläche miteinbezogen. Um sie von der restlichen Tischfläche abzusetzen, erhält diese Fläche noch zusätzlich Querstreifen.
- Gegenstände auf dem Tisch, Stuhllehne und Tischbeine werden nun farbig mit Filz- und Buntstiften ausgestaltet. Begrenzungslinien werden durch dünne Linien mit schwarzem Filzstift hervorgehoben.
- Der Hintergrund bleibt unbearbeitet.

Die Arbeit spielt bewusst mit wechselnden Perspektiven. Der Tisch wirkt in der extremen Draufsicht wie „aufgeklappt" und gibt den Schülern die Möglichkeit, einen Gegenstand in einer Ansicht darzustellen, die sie in dieser Altersstufe bewältigen können. Fortgeschrittene Schüler könnten auch mit Überschneidungen experimentieren.

Rasterblumen

Kurzbeschreibung Aus Papieren mit unterschiedlichem Punkteraster gestalten die Schüler Blüten und Blumenarrangements.

Material

- Zeichenpapier (DIN A4)
- Kopiervorlage (S. 47)
- schwarze Filzstifte in zwei Strichstärken
- Schere
- Klebestift

1. Blüten

So geht es

- Die Schüler schneiden aus Papieren, auf denen Punkteraster in verschiedener Dichte zu sehen sind, Blütenblätter aus. Sie können ohne Vorzeichnung arbeiten.
- Wenn das Papier doppelt oder dreifach genommen wird, erhält man mehrere Blütenblätter in einem Arbeitsgang.
- Die Blüten sollen in unterschiedlicher Größe, in Draufsicht und Seitenansicht zu sehen sein. Jeder benötigt drei bis vier Stück.
- Für jede Blüte sollte ein anderes Rastermuster verwendet werden.
- Alle Blüten werden sofort auf weißes Zeichenpapier geklebt.
- Das Blüteninnere wird aus kontrastierendem Rasterpapier geschnitten und aufgeklebt.

2. Stiele

Mit schwarzem Filzstift werden von den Blüten aus zum unteren Bildrand hin Stiele gezeichnet.
Geben Sie den Schülern folgende Hinweise:

- Zeichne alle Stiele mit einer schwungvollen Krümmung, und lasse sie zum unteren Ende hin breiter werden.
- Von den Stängeln können seitlich kleine Dornen oder Triebe abstehen.

3. Blätter

Die Schüler schneiden ohne Vorzeichnung aus Rasterpapieren unterschiedliche Blattformen, die sie neben oder über den Stielen arrangieren und aufkleben.

Auch in Zwischenräumen können noch schmale Rispen und Gräser aus Rasterpapier-Streifen hinzugefügt werden.

4. Ausarbeitung

Alle Schnittkanten werden mit dünnem, schwarzem Filzstift nachgezogen. Zusätzlich werden noch Staubfäden und Blattadern eingezeichnet.

Unterwasserwelt

Kurzbeschreibung

Die Schüler lassen aus der Kombination von Filzstiftzeichnung und getupftem Farbauftrag eine fantastische Unterwasserlandschaft entstehen.

Material

- Zeichenpapier (DIN A3 oder DIN A4)
- dickerer, schwarzer Filzstift (nicht wasserlöslich)
- Bleistift
- Wasserfarbkasten
- Pinsel
- Wasserbehälter mit Wasser
- Papiertaschentuch/Küchenpapier
- Zeitungen zum Abdecken

So geht es

Geben Sie den Schülern folgende Hinweise:

A) Grafische Arbeit

Fische, Quallen, Schnecken, Tintenfische

- Auf dem Blatt „schwimmen" verschiedene Arten von Meeresbewohnern: Fische, Quallen, Schnecken, Tintenfische ...
- Sie unterscheiden sich durch Größe, Schwanzflossen, Körperform ...
- Sie schwimmen in verschiedene Richtungen.
- Es gibt Einzelexemplare und Schwärme.
- Sie schwimmen neben- oder übereinander (keine Überschneidungen!)
- Beim Zeichnen beginnt ihr mit dem Körperumriss und füllt ihn dann in Schwarz oder mit kleinen Mustern aus, die zum Beispiel an Schuppen erinnern.

Andere Pflanzen und Meeresbewohner

- Zeichne in die Zwischenräume Schlingpflanzen und Algen.
- Deute auf dem Meeresgrund Korallenriffe an.

Taucher

- Setze einen oder zwei Taucher ins Bild. Statte sie mit Helm, Schnorchel, Harpune, Atemgerät usw. aus. Auch sie sieht man nur als schwarzen Umriss.
- Lasse vom Taucher einige kleine Luftblasen hochsteigen.

B) Arbeit mit Farbe

Wasserfläche

- Nimm ein Papiertaschentuch (oder ein Stück Küchenpapier), und forme es zu einem Tupfer. Decke deinen Arbeitsplatz mit Zeitungspapier ab.
- Benetze alle Farbnäpfchen in deinem Malkasten, die du zur Gestaltung der Wasserfläche verwenden willst, mit klarem Wasser (Pinsel!): Grün, Blau, Gelb, Schwarz …
- Befeuchte deinen Papiertupfer mit Wasser, und tauche ihn zunächst in hellere Farben, und setze Farbabdrücke auf dein Blatt.
- Beachte, dass du möglichst um die gezeichneten Tiere und den Taucher herum arbeitest. Es dürfen auch weiße Flecken dazwischen frei bleiben!
- Drehe deinen Tupfer, und bearbeite das Blatt aus verschiedenen Richtungen.

Meeresboden

Erst zum Schluss kommt Schwarz oder Dunkelblau zum Einsatz. Durch dicht aneinander gesetzte Tupfer gestaltest du damit am unteren Blattrand Schattenzonen auf dem Meeresboden oder Steine und Felsbrocken.

Geschenketurm

Kurzbeschreibung

Aus Werbeprospekten gestalten die Schüler einen Schachtelturm, der von zwei Armen gehalten wird.

Material

- Zeichenpapier (DIN A3)
- Kopiervorlage (S. 48)
- Zeitungen und Zeitschriften zum Zerschneiden
- Filzstifte
- Schere
- Klebestift

So geht es

1. Hinführung

Schildern Sie den Schülern folgende Szene: Eine Person balanciert viele, aufeinandergestapelte Schachteln vor sich her. Der Schachtel-Turm ist so hoch, dass man nur die Arme und Hände, aber kein Gesicht mehr sieht.

2. Collage-Arbeit: Aufgetürmte Schachteln

- Die Schüler suchen in Zeitungen und Zeitschriften nach geeigneten Abbildungen und Schlagwörtern, die die Seitenfront der einzelnen Schachteln zieren könnten.
- Dann schneiden sie rechteckige Flächen aus dem Bild-Material und ordnen sie probeweise übereinander auf ihrem Zeichenblatt an.
  Geben Sie den Schülern folgende Hinweise:
  - Am unteren Bildrand befinden sich die breitesten „Schachteln". Zum oberen Bildrand hin nimmt die Größe der Schachteln ab.
  - Schachteln können auch Deckel haben: Die Deckel stehen dann seitlich ein wenig über.
  - Auf die Schachteln kannst du noch zusätzlich kleinere Schriftzüge kleben, zum Beispiel Preise, Sonderangebote …
- Alle Teile des Geschenketurms werden nur in der Mitte mit Klebstoff auf dem Untergrund fixiert. So können später noch die Arme seitlich daruntergeschoben werden!

3. Arme und Hände, die den Geschenketurm halten

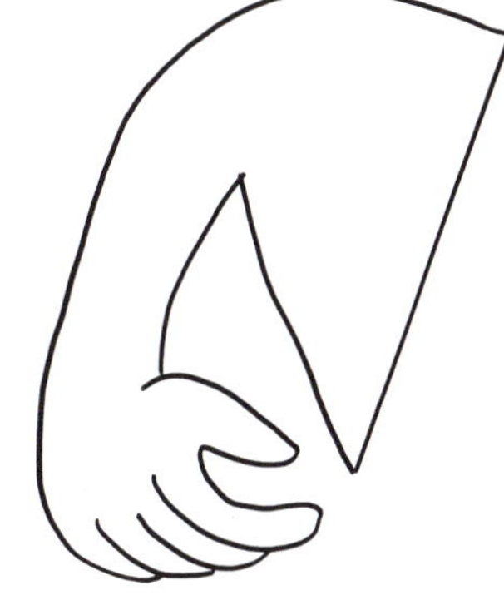

- Die Schüler schneiden die kopierte Schablone für Arme und Hände zweimal aus.
  Wenn die Zeit reicht, können sie die Kopien mit Filzstiften ausgestalten lassen: Ärmel, Schmuck, Fingernägel …
- Die Schablonenteile werden seitlich im unteren Bereich des Zeichenblattes unter den Geschenketurm geschoben. Wichtig: Die Hände werden über den untersten Schachteln platziert, sodass der Eindruck des Festhaltens entsteht.
  Die richtige Lage wird mit Bleistift markiert, bevor man beide Schablonen anklebt.

- *Arme und Hände dürfen auch über den Blattrand hinausragen.*
- *Zum Schluss werden die Ränder der Schachtelflächen und der Armschablonen mit schwarzem Filzstift nachgezogen.*

Die perspektivische Verkürzung der Unterarme und die korrekte Stellung der Finger sind in dieser Altersgruppe in der Regel noch nicht zu bewältigen. Deshalb wird hier auf kopierte Schablonen zurückgegriffen, mit deren Hilfe auf einfache Weise ein „Davor" und „Dahinter" erzeugt werden kann.

Ungeheuer

Kurzbeschreibung

Die Schüler malen im Zufallsverfahren mit beiden Händen gleichzeitig die Figur eines Ungeheuers.

Material

- Zeichenpapier (DIN A3 oder DIN A4)
- Wasserfarbkasten
- Wasserbehälter mit Wasser
- 2 Pinsel
- Filzstifte in verschiedenen Strichstärken
- Buntstifte
- Wachsmalkreiden
- Zeitungspapier zum Abdecken
- eventuell Föhn

So geht es

1. Beidhändiges Malen

- Die Schüler decken ihren Arbeitsplatz mit Zeitungen ab und legen ihr Blatt im Querformat vor sich hin.
- Die Näpfchen des Malkastens, deren Farbe zum Einsatz kommen soll, werden mit klarem Wasser benetzt.
- Die Schüler nehmen in jede Hand einen Pinsel von gleicher Breite, nehmen zwei unterschiedliche Farben auf und malen mit beiden Händen gleichzeitig:
  - Sie beginnen, Farbflecken für Kopf, Hals und Körper auf das Papier zu setzen.
  - Die Pinsel gleiten neben-, über- und untereinander auf dem Papier dahin.
  - Arme, Beine, Flügel, Ohren werden angefügt.
  - Die Farbflecke können ineinanderfließen.
  - Neue Farben können auf bereits gemalte Flächen aufgetupft werden. Wasserflecke setzen Akzente.
  - Es soll nur ein vages Bild eines Ungeheuers entstehen.

Das Bild sollte gut trocknen.
Mit einem Föhn wird der Vorgang beschleunigt.

2. Ausarbeitung

Die Schüler arbeiten Details mit farbigen Stiften heraus.

- Zunächst beginnen sie an einer Stelle, z.B. Kopf, mit einem dünnen Filzstift Augen, Ohren, Rüssel, Zähne usw. einzuzeichnen.

- Farbflächen werden neu gedeutet und neue Flächen mit farbigen Stiften angefügt.
- Der Körper wird mit Punkten, Streifen, Zotteln etc. akzentuiert.

Zum Schluss bekommt das Ungeheuer einen „fantastischen“ Namen.

Achten Sie darauf, dass Ihre Schüler wirklich mit beiden Händen gleichzeitig arbeiten. Bereiten Sie sie darauf vor, dass das Ergebnis auf Grund des Zufallsprinzips noch keine perfekt ausgeformten Wesen darstellen wird. Es gilt die Maxime: Je unklarer die Darstellung ist, desto mehr Spielraum hat die Fantasie!

Zeigen Sie Abbildungen von Ungeheuern, wie man sie an mittelalterlichen Kathedralen findet. Sie sollten der Abwehr von bösen Geistern dienen oder diese selbst darstellen. Lesen Sie Märchen vor, in denen Ungeheuer auftauchen. Zu finden unter www.sagen.at oder www.1000-maerchen.de oder www.oestlichenachbarn.bayern.de.

Tänzer

Kurzbeschreibung Die Schüler zeichnen aus einer bewegten Linie heraus Tänzer.

Material

- Zeichenpapier (DIN A3)
- Skizzenpapier
- schwarze Filzstifte in verschiedenen Strichstärken
- Bleistift
- Radiergummi
- Kopiervorlage (S. 49)

So geht es

1. Tänzer entwerfen

- Die Schüler nehmen ihr Zeichenblatt (DIN A3) quer und skizzieren die Figuren zunächst als Strichmännchen vor (Bleistift). Weisen Sie darauf hin, dass die Schüler mindestens drei Figuren in unterschiedlichen Tanzhaltungen darstellen sollen:
  - Arme und Beine strecken sich vom Körper ab.
  - Die Oberkörper sind geneigt.
  - Die Tänzer halten sich an den Händen oder wenden sich einander zu
- Über und um diese vorgezeichneten Hilfslinien beginnen die Schüler nun, mit schwarzem Filzstift die Figuren in einer Endlos-Linie, ohne abzusetzen, auszuarbeiten:
  - Sie beginnen am Kopf und fügen Nase, Mund, Augen und wehende Haare hinzu.
  - Es folgen Schultern, Muskeln an Armen und Beinen, Hände, Füße, Schuhe, Kleidungsstücke.
  - Die Linien sollen sich an möglichst vielen Stellen überschneiden.
  - Mit einer zweiten Linie kann man noch Locken, Falten, Hüte, wehende Tücher oder Knöpfe hinzufügen. Dabei kreuzt der Stift schon vorhandene Zeichenspuren und erzeugt eine weitere Unterteilung der Flächen.
- Die Spuren der Bleistift-Vorzeichnung werden ausradiert.

2. Ausarbeitung

Die entstandenen Teilflächen gestalten die Schüler nun mit Mustern aus:

- Die Schüler sollten möglichst viele Muster erfinden: Streifen, Zickzackmuster, Kreise, Spiralen, Punkte ...

Lassen Sie eine Sammlung von Mustern und Strukturen anlegen, die die Schüler untereinander austauschen, oder teilen Sie die Kopiervorlage mit Muster-Vorschlägen aus.

- Formen, die zusammengehören, können über die Trennlinien hinweg mit gleichen oder ähnlichen Mustern ausgearbeitet werden.
- Kleine Teilformen dürfen die Schüler auch schwarz ausfüllen.
- Zu große Flächen können noch nachträglich durch Linien in kleinere Teilflächen aufgespalten werden.
- Linien lassen sich an- und abschwellend verstärken.
- Wenn man einige Stellen unbearbeitet lässt, wirken sie durchsichtig.

Demonstrieren Sie das Verfahren „Zeichnen aus einer Linie" auf dem Overheadprojektor mit Folie und Folienstift. Die Arbeit ist stark vom Zufälligen geprägt und stellt die Linie als Mittel zur Darstellung von Bewegung in den Fokus.

Verrückte Tiere

Kurzbeschreibung Die Schüler stellen Tiere, die zwar im Sprachgebrauch vorkommen, aber eigentlich gar nicht existieren, in fantasievollen Kombinationen und passendem Umfeld dar.

Material

- Zeichenpapier (DIN A4 oder DIN A3)
- Bleistift
- Radiergummi
- Kopiervorlage (S. 50)

So geht es

1. Ideenfindung

- Stellen Sie den Schülern eine Reihe von Tieren vor, die es so gar nicht gibt:
  - Angsthase, Ratefuchs
  - Bücherwurm, Leseratte
  - Spaßvogel, Partylöwe
  - Schmierfink, Schweinigel

- Jeder Schüler wählt sich ein Tier aus, das er darstellen will. Natürlich sind auch weitere Ideen gefragt.

Geben Sie den Schülern folgende Hinweise:

- Entwirf dein gewähltes Tier aus geometrischen Formen, z.B. Kreisen, Rechtecken, Dreiecken. (Veranschaulichen Sie dies anhand eines Beispiels auf der Kopiervorlage.)
  - Das Tier soll typische Merkmale haben. Du kannst es aber auch vermenschlichen (z.B. aufrechte Haltungen).
  - Durch Kleidung oder Schmuck und seine Umgebung, „andere" Tiere oder Personen versuchst du, die „verrückte" Situation zu verdeutlichen.
  - Nutze die Bildfläche gut aus.

2. Zeichnen

- Die Ausführung erfolgt mit einem weichen Bleistift. Konturen werden kräftig nachgezogen, Flächen durch Schraffieren oder Muster voneinander abgesetzt.
- Das gewählte Motiv sollte im Zentrum des Bildes stehen.
- Nach einer Vorzeichnung aus einfachen Formen (siehe oben) wird das Tier detailliert ausgearbeitet (Fell, Krallen, Zähne …). Die Hilfslinien werden später wegradiert.

Wenn die Zeit reicht, können auch Bunt- oder Filzstifte zum Einsatz kommen.

Stadt bei Nacht

Kurzbeschreibung

Nach einem Bilddiktat zeichnen die Schüler mit Wachsmalstiften eine Stadt-Silhouette in einer Landschaft. Durch Übermalen mit schwarzer Farbe wird der Hintergrund in verschiedenen Graustufen abgedunkelt.

Material

- Zeichenpapier (DIN A4)
- Wachsmalstifte (nicht wasserlöslich)
- Wasserfarbkasten
- breiter Pinsel
- Wasserbehälter mit Wasser
- Küchenpapier oder Papiertaschentücher

So geht es

1. Bilddiktat

Die Schüler arbeiten ohne Vorzeichnung nach Ihren Anweisungen. Sie verwenden nicht wasserlösliche Wachsmalstifte und drücken beim Zeichnen kräftig auf.

Geben Sie den Schülern folgende Hinweise:

Stadt-Silhouette

- Lege dein Blatt senkrecht vor dich hin.
- Wähle einen Wachsmalstift in beliebiger Farbe, und mache im oberen Drittel des Blattes einen breiten, waagrechten Strich.
- Zeichne nun auf dieser Horizontlinie verschiedene Gebäude nebeneinander und hintereinander. Wähle dazu verschiedene Wachsmalfarben aus. Verwende auch weiße Wachsmalstifte! Die Häuser sollen verschieden hoch und breit sein und flache oder steile Dächer haben. Man sieht Kamine, vielleicht eine Brücke, oder eine Treppe.
- Setze in die Häuserfront sehr kleine Fenster und Tore.
- Hinter der Stadt erhebt sich ein Gebirgszug: Male die Umrisse von Hügeln und Tälern, und fülle die Flächen aus, indem du mit verschiedenen Farben Schraffuren setzt.
- An der Horizontlinie beginnt eine Straße, die in großem Bogen zum unteren Bildrand läuft. Zeichne sie so, dass sie nach vorne doppelt so breit ist wie an ihrem Ausgangspunkt.
- Auf dem Straßenband fahren Autos, die man aber wegen der großen Geschwindigkeit und Entfernung

nur noch als Leuchtpunkte sieht. Setze Strichellinien in Rot, Gelb und Grün in die Fahrbahn.
- Seitlich von der Straße gibt es Steine, Büsche und Gras. Deute sie mit kurzen, gekritzelten Linien in Blau, Grün, Gelb und Braun an.

Wenn das Bild trocken ist, kann man mit Wachsmalkreiden nochmals Akzente setzen und einige Details deutlicher herausstellen.

2. Es wird Nacht über der Stadt

- Die Schüler nehmen mit einem breiten Borstenpinsel sehr viel wässrige schwarze Farbe aus dem Malkasten auf und bemalen das ganze Bild.
- Mit einem Papiertupfer nehmen sie von den Häuserflächen wieder etwas schwarze Farbe ab.
- Auf dem Straßenband wischen sie ebenfalls, immer in Richtung des Straßenverlaufs, schwarze Farbe weg.
- Der Himmel und die Flächen neben der Straße werden nochmals schwarz übermalt.
- Eine diffuse Mondscheibe entsteht, indem man mit dem Papiertupfer eine kleine runde Fläche frei wischt.

Kopiervorlagen für

Jahrgangsstufe 3

Abb.: Gerlinde Blahak

Bilder-Rahmen – Seite 12/13

1

2a

2b

2c

3

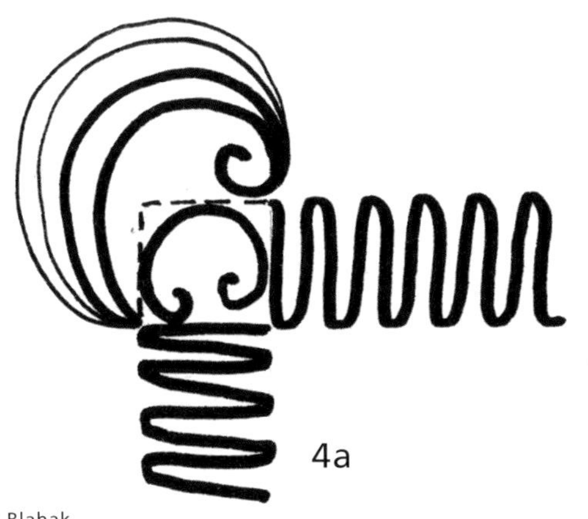

4a

4b

Abb.: Gerlinde Blahak

Wege durchs Schulhaus – Seite 14/15

1. Verwendung von Großbuchstaben

HELP

2. Einsatz von Frage- und Ausrufezeichen

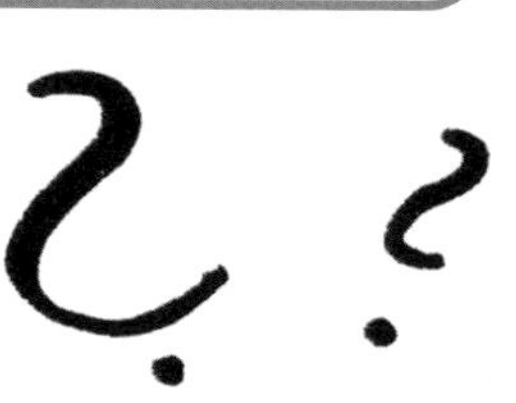

4. Denkblasen in Wolkenform

3. Kräftige (schwarze) Umrisslinien

5. Lautmalende Wörter: Zack, Poing ...

6. Wort- und Buchstabenwiederholungen

Abb.: Gerlinde Blahak

Geheime Zeichen – Seite 16/17

Sonnenaufgang		Geist	
schlecht	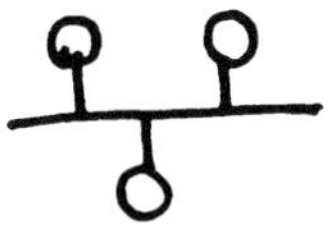	Freundschaft	
Eidechse		Krieg	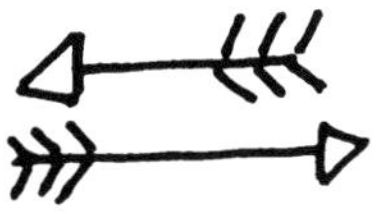
Friede		Untätigkeit	
Nacht		Fährte	
gehen		Wasserlauf	
Pferdespuren		Kranich	
Pfeil	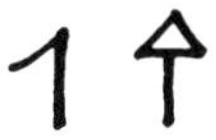	Mond	
Frau		sehen	
Bleichgesicht		Schilfkröte	
Kanu		Berg	
Gebirgszug		Angst	
Baum		diesem Weg folgen	
Sonne		Fisch	

Abb.: Gerlinde Blahak

Namenszug 1 – Seite 20/21

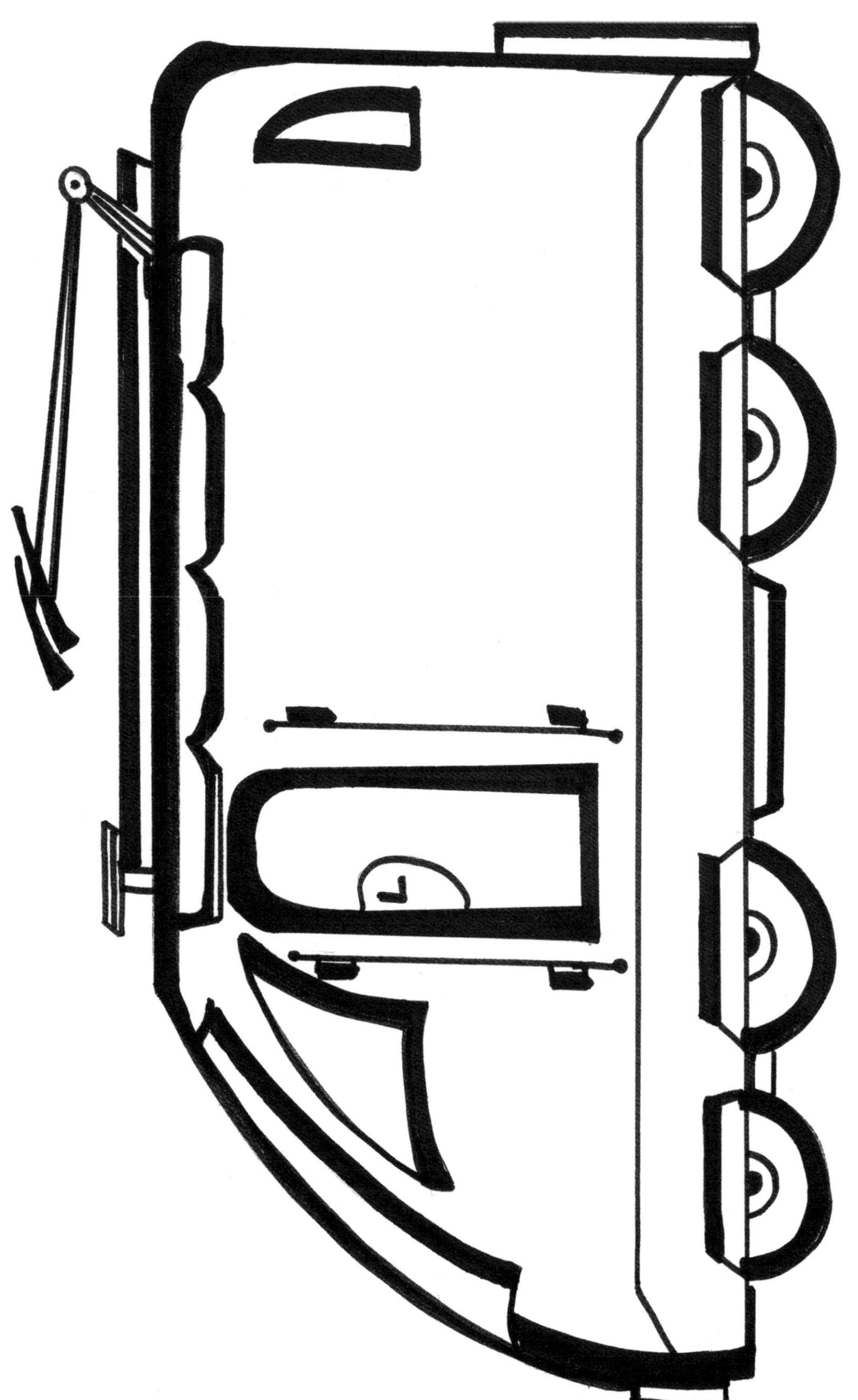

Abb.: Gerlinde Blahak

Abb.: Gerlinde Blahak

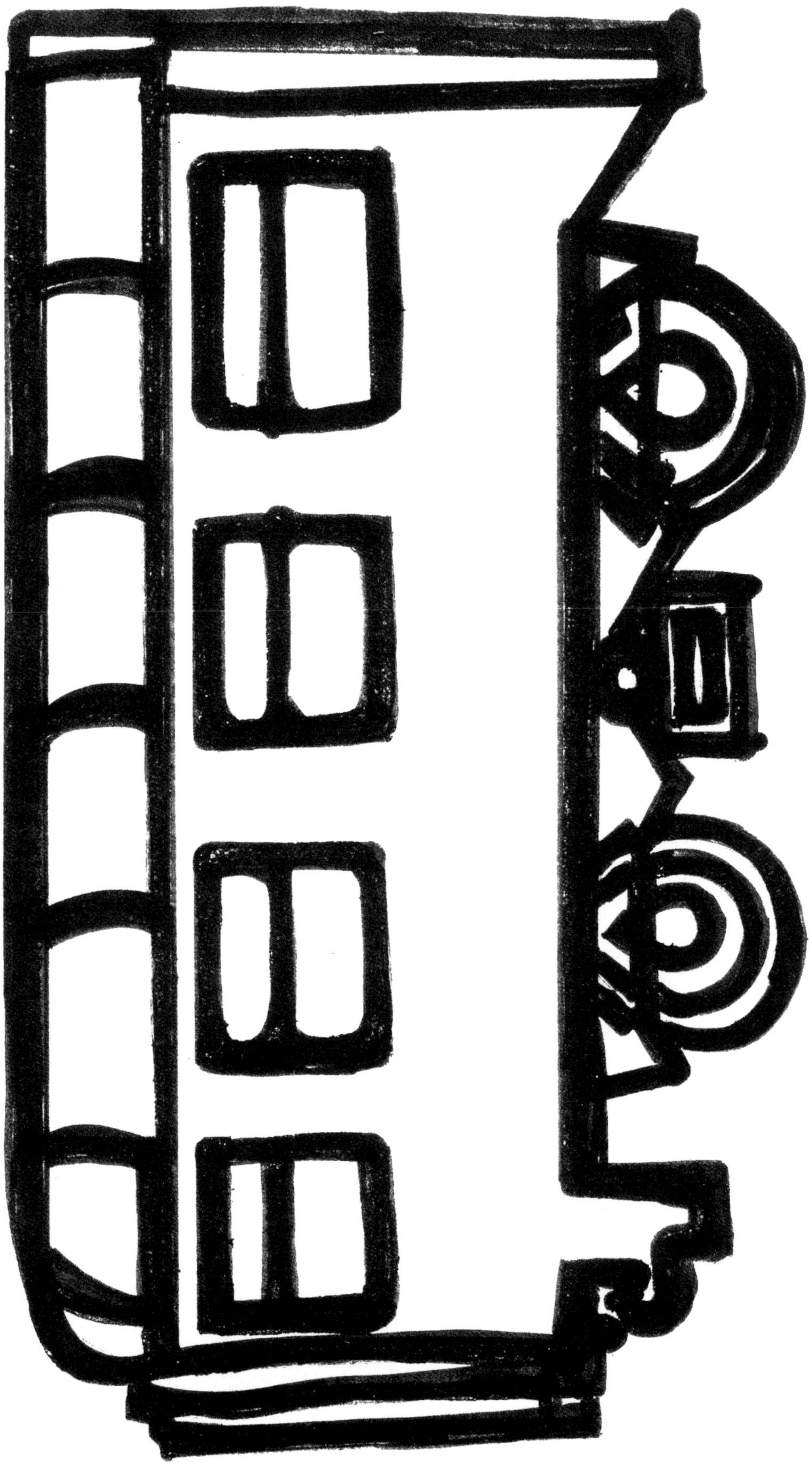

Namenszug 3 – Seite 20/21

Abb.: Gerlinde Blahak

Rasterblumen – Seite 24/25

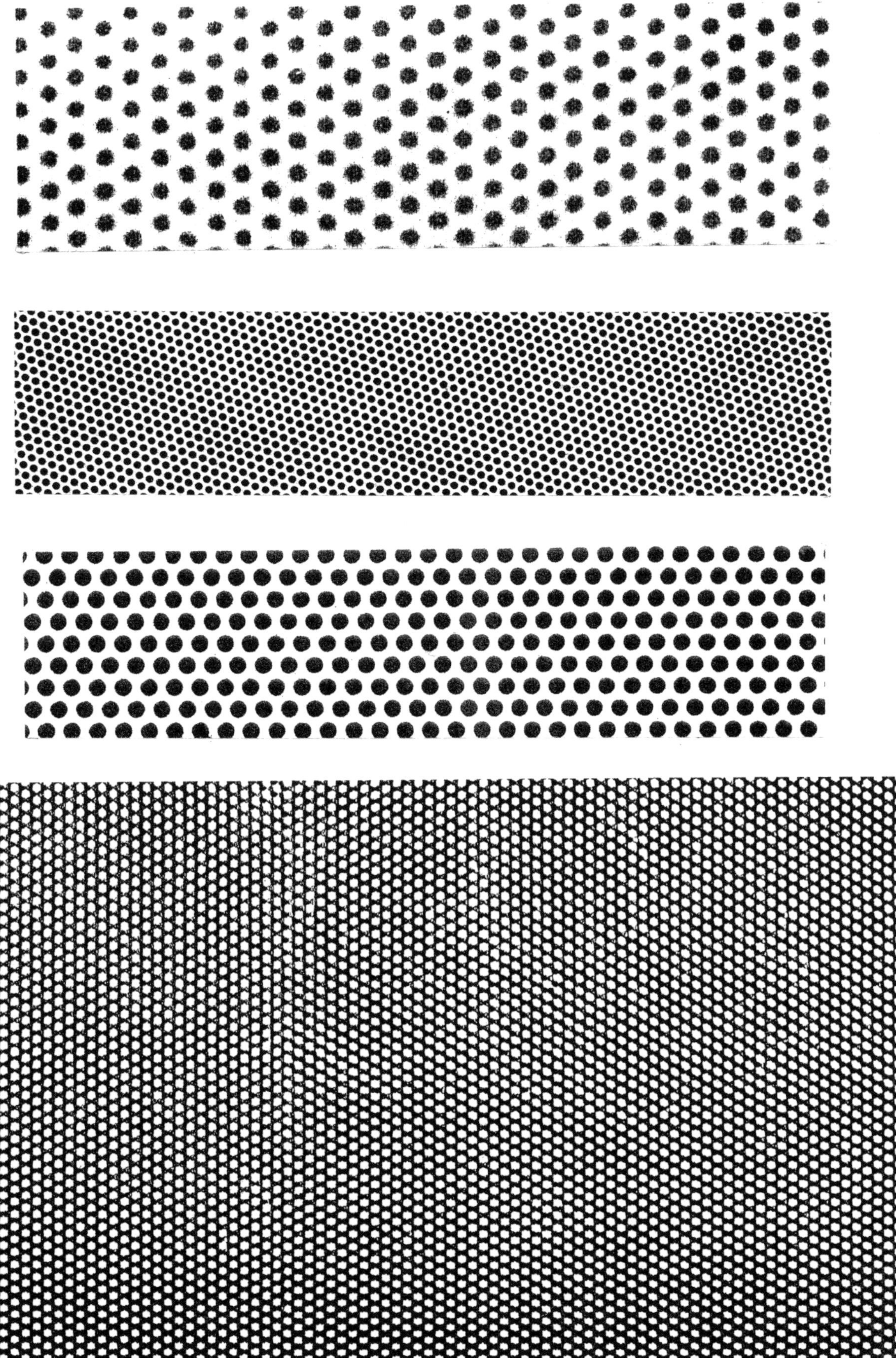

Abb.: Gerlinde Blahak

Geschenketurm – Seite 28/29

– Seite 28/29

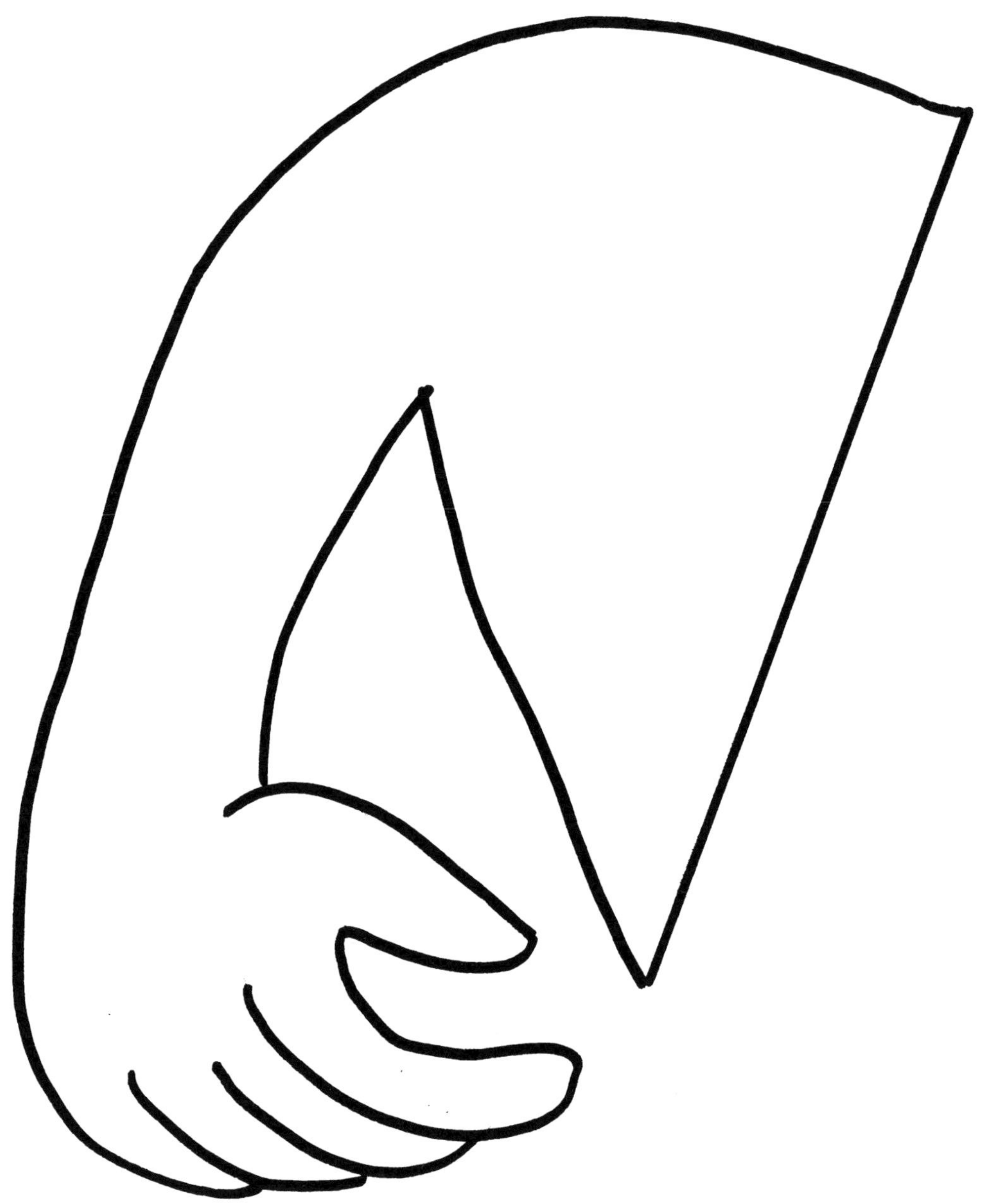

Abb.: Gerlinde Blahak

Tänzer – Seite 32/33

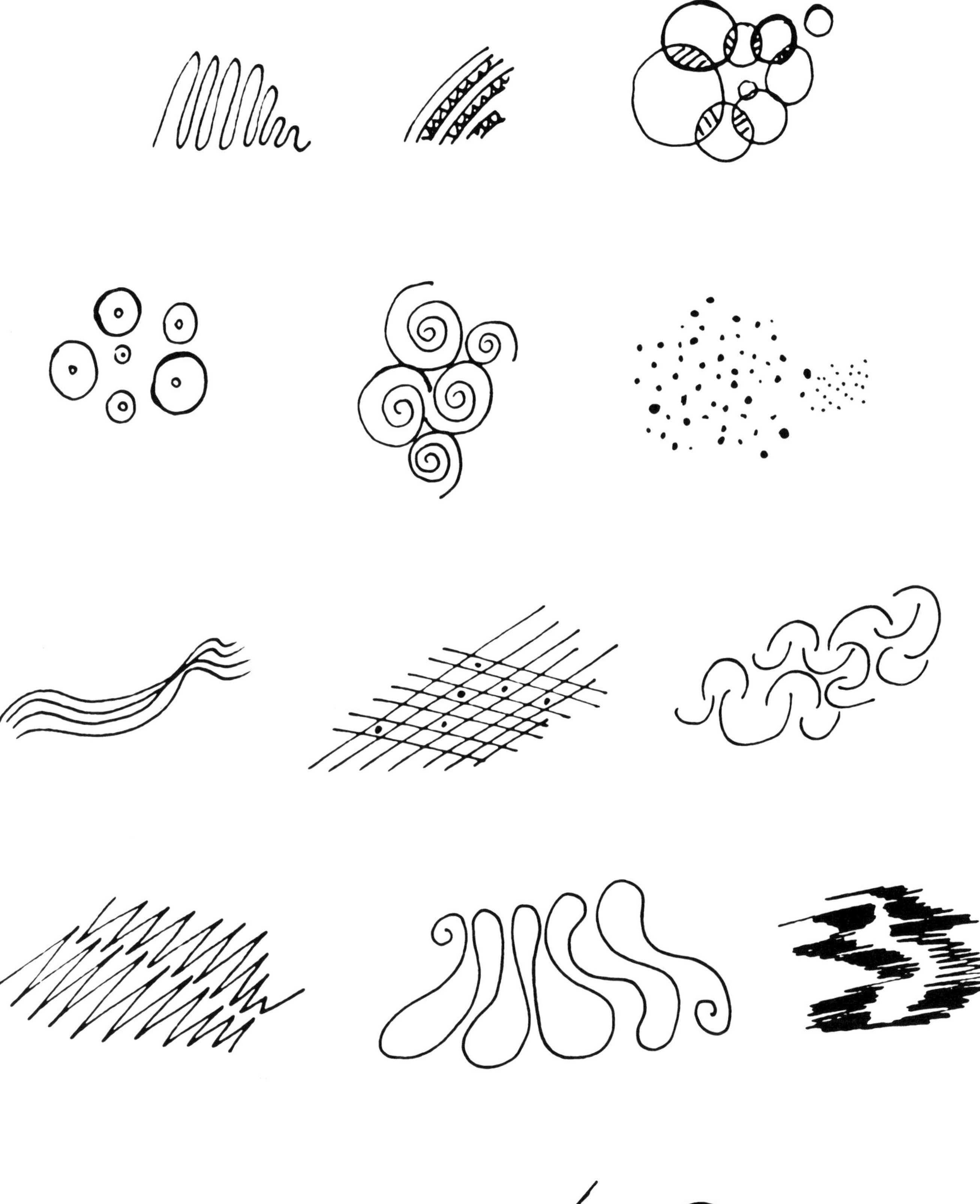

Abb.: Gerlinde Blahak

Abb.: Gerlinde Blahak

Jahrgangsstufe 4

Wäsche auf der Leine

Kurzbeschreibung Die Schüler präsentieren Flächen aus farbigem oder weißem Papier als „Wäschestücke" auf einem kontrastierenden Hintergrund.

Material

- Tonpapier/Fotokarton in Hellblau, Gelb, Hellgrün, Schwarz (DIN A4)
- farbige Papierreste
- weißes Papier (DIN A4)
- Modekataloge
- Wachsmalstifte
- schwarzer Filzstift
- Schere
- Klebestift
- braunes Packpapier, z.B. alte Briefumschläge

So geht es

1. Wäschestücke

- Die Schüler schneiden ohne Vorzeichnung aus farbigem oder weißem Papier verschiedene Wäschestücke zurecht. (Handtücher, Bettwäsche, Unterwäsche, Socken, Schals, T-Shirts, Röcke, Hosen ...) Die Wäschestücke hängen schlaff nach unten oder flattern im Wind. Das heißt die Umrisslinien sind geschwungen.
- Aus Modekatalogen werden *keine* abgebildeten Kleidungsstücke ausgeschnitten, sondern die Wäschestücke aus farbigen Flächen unmittelbar „mit der Schere" gestaltet.

2. Arrangieren auf dem Hintergrund

Der Bildaufbau vollzieht sich in mehreren Ebenen, die gesondert übereinander gestaffelt angelegt werden. Es wird mit der hintersten Ebene begonnen.

Vorschlag für einen hellen Hintergrund

- Das helle Tonpapier wird im Querformat bearbeitet.
- Mit schwarzem Filzstift ziehen die Schüler ca. 6 cm vom oberen Blattrand entfernt eine Wäscheleine. Sie läuft von Rand zu Rand und hängt etwas durch.
- Sie ordnen die Wäschestücke in verschiedenen Farben und Größen nebeneinander experimentierend an und kleben sie schließlich auf.

Wäschestücke können sich auch überschneiden.

- Mit schwarzem Filzstift zeichnen die Schüler eine zweite Wäscheleine, die ca. 10 cm unter der ersten liegt und sich über die bereits aufgeklebten Flächen hinweg zieht.
- Es werden erneut Wäschestücke ausgeschnitten und entlang dieser zweiten Leine arrangiert. Dabei überdecken sich einige Farbflächen.

Der Bildaufbau wird klarer, wenn diese Leine nur in Teilen mit Wäsche behängt wird.

- Auch mit der dritten Wäscheleine wird so verfahren. Dieses Mal sollen die Wäschestücke so groß sein, dass sie den unteren Bildrand nicht berühren.
- Die Schüler zeichnen mit schwarzem Filzstift dort, wo die Wäschestücke die Leine berühren, Wäscheklammern ein.

Vorschlag für einen schwarzen Hintergrund

- Das schwarze Tonpapier wird im Hochformat bearbeitet.
- Die Schüler wählen einen Wachsmalstift, der gut sichtbare farbige Spuren auf dem Hintergrund hinterlässt, z.B. in Orange oder Gelb.
- Die Schüler arbeiten wie oben beschrieben. Dieses Mal werden jedoch alle Wäschestücke als weiße Flächen aus Kopierpapier oder Zeichenpapier ausgeschnitten.
- Die Anordnung erfolgt weitgehend nebeneinander, mit wenig sich überschneidenden Flächen.

Wenn sich zwei weiße Flächen zu wenig voneinander abheben, werden die Kanten mit dünnem schwarzem Filzstift nachgezogen.

- Aus braunem Packpapier werden Akzente auf die weißen Flächen gesetzt: Taschen, Kragen, Fransen, Knopfleiste …
- Die Klammern werden mit verschiedenfarbigen Wachsmalstiften angedeutet.

Weisen Sie darauf hin, dass sowohl Leine als auch Wäsche „durchhängen" sollen. Hängen Sie zur Demonstration einige Kleidungsstücke oder Handtücher im Klassenzimmer auf.

Schneekugel

Kurzbeschreibung

Das Projekt verbindet Zufallsverfahren mit Zeichnen: Die Schüler stellen eine lineare Stadt-Silhouette auf Kristall-Strukturen dar, die durch Wasserfarbe und Salz entstehen.

Material

- 2 Blatt Zeichenpapier (DIN A4)
- Wasserfarbkasten
- breite Pinsel
- Wasserbehälter mit Wasser
- Haushaltssalz
- Bleistift
- schwarzer Filzstift
- Buntstifte
- Lineal
- Papierkorb als Zeichenschablone
- Schere
- Klebestift

So geht es

1. Den Hintergrund gestalten

- Die Schüler wählen die Farbe Blau, Rot, Orange oder Hellgrün und bemalen mit einem breiten Pinsel die gesamte Fläche eines DIN-A4-Blattes. Dabei verwenden sie viel Wasser, sodass eine durchsichtige monochrome Farbschicht entsteht.
- In die noch feuchte Fläche streuen sie großzügig Haushaltssalz, das die Flüssigkeit sofort aufsaugt und interessante Strukturen auf der Farbfläche bildet.
- Nach dem Trocknen wird die Salzschicht abgeklopft und mit der Hand abgestreift. Der bearbeitete Hintergrund wirkt jetzt wie mit Schneekristallen oder Reif überzogen.

Während der Trocknungsphase gestalten die Schüler die Stadt-Silhouette.

- Die obere Hälfte einer „Schneekugel" wird auf der waagrechten Fläche mit Bleistift vorgezeichnet. Dazu benutzen die Schüler die Bodenfläche eines Papierkorbs, deren Umriss sie nachzeichnen.
- Die Kreisfläche wird ausgeschnitten.

Die anfallenden Papierreste werden noch zur weiteren Gestaltung gebraucht und dürfen nicht weggeworfen werden!

2. Eine Stadt-Silhouette zeichnen

- Ein zweites DIN-A4-Blatt wird quer genommen. An der unteren Blattkante teilen die Schüler mit dem Lineal einen 1 cm breiten Streifen ab, der zunächst nicht bearbeitet wird.
- Nun entwerfen sie mit Bleistift die Stadt-Silhouette.
  Geben Sie den Schülern folgende Hinweise:
  - Alle Gebäude stehen auf der vorgezeichneten Kante. Markiere anhand der Schneekugel, wie breit dein Stadt-Panorama werden soll.
  - Gestalte die Häuser unterschiedlich hoch und breit.
  - Zeichne unterschiedliche Dachformen und Türme.
  - Ordne die Häuser nebeneinander ohne Lücken an.
  - Deute einige wenige Fenster und Türen nur in ihren Umrissen an.
  - Ziehe dann die Umrisse deiner vorgezeichneten Stadt mit schwarzem Filzstift nach.
  - Schneide das Panorama entlang der oberen Umrisskante mitsamt der Bodenplatte aus.
  - Lege die Stadtansicht auf Zeitungspapier, und fahre die oberen Begrenzungslinien, die du eventuell weggeschnitten hast, nochmals mit schwarzem Filzstift nach.

3. Fertigstellung

- Die Schüler streichen die Rückseite der Häuserzeile mit Klebstoff ein und kleben sie in ca. 2 cm Abstand von der Unterkante der Schneekugel auf den Hintergrund. Überstehende Teile werden abgeschnitten.
- Die Schüler wählen einen Buntstift aus, der der Farbe des Hintergrundes entspricht, z.B. Blau oder Rot. Mit ihr schraffieren sie Teile von Häuserfassaden und Dächern, sodass der Eindruck von Schattenzonen entsteht.
- Die Bodenplatte lässt man noch auf zwei „Füßchen" stehen, die aus Papier gefertigt und aufgeklebt werden.
- Aus den Resten des Hintergrundpapiers schneiden die Schüler schmale, sichelförmige Streifen (ca. 4 Stück) in unterschiedlicher Länge, die sie parallel zur äußeren Kreislinie auf die Himmelsfläche kleben. Diese Splitter sollen Volumen und Spiegelungen andeuten.

Futterplatz

Kurzbeschreibung

Die Schüler gestalten eine Vogelgruppe in Aquarell-Technik. Dabei arbeiten sie ohne Vorzeichnung Nass-in-Nass und lasierend.

Material

- Zeichenpapier (DIN A3)
- Wasserfarbkasten
- Pinsel
- Borstenpinsel (Nr. 3 und 8)
- Wassergefäße mit Wasser
- dünne Filzstifte (ocker, grün, braun, schwarz)
- Kopiervorlage (S. 84)

So geht es

1. Vorüberlegungen

- Die Schüler zeichnen in mehreren Schritten Vogelfiguren durch je zwei Farbkleckse (vgl. Anleitung unter Punkt 2).
- Je nach Haltung, die der Vogel dann einnehmen soll, liegen die Kleckse unterschiedlich zueinander positioniert.

Geben Sie den Schülern die Kopiervorlage mit der schematischen Darstellung verschiedener „Tätigkeiten" der Vögel (Picken, Krähen, Aufplustern, Abwarten ...).

2. Malvorgang

- Die Schüler beginnen immer mit einer sehr hellen Farbe: Gelb, Orange, Ocker.
- Kopf und Körper werden zunächst als zwei getrennte Farbkleckse auf das Blatt gesetzt: Als größere Fläche (Körper) und, in geringem Abstand, als kleiner Klecks (Kopf). Die Schüler verwenden dazu den breiteren Pinsel, weil sie damit mehr Farbe aufnehmen können.
- Solange die Farbe noch feucht ist, malen die Schüler mit dem kleineren Pinsel das Verbindungsstück zwischen Kopf und Hals sowie Schwanzfedern und Flügel. Dazu wählen sie dunklere Farbtöne: Blau, Rot, Braun ... Die Farben laufen teilweise ineinander, und die Farbflächen erhalten die Struktur eines Gefieders. Auch die Betonung von Kehle, Bauchpartie oder Oberkopf ist auf diese Weise möglich.

- Sobald alles trocken ist, arbeiten die Schüler mit der Spitze des dünnen Pinsels und nur wenig verdünnter Farbe weiter. Sie setzen folgende Akzente in Schwarz und Braun:
  - Der Schnabel entsteht aus einem kleinen Dreieck, das am Kopf angesetzt wird.
  - Das Auge erscheint als dunkler Punkt.
  - Beine, Füße und Krallen werden mit kurzen dünnen Strichen angedeutet.
  - Schwanz- und Schwungfedern werden mit fedrigen Akzenten versehen.
  - An Hals, Kopf, Bauch … werden durch Tupfen mit der Pinselspitze kleine Farbpunkte aufgebracht.

Die Vögel sollen keinesfalls mit einer schwarzen Linie umrandet werden, da dies der Aquarelltechnik zuwiderläuft.

3. Futterplatz

Die Schüler arbeiten jetzt mit sehr feinen Filzstiften in Ocker, Gelb, Braun, Schwarz oder Grün Teile des Hintergrundes aus: Mit ganz feinen Punkten, die dichter und weiter entfernt voneinander gesetzt werden, deuten sie auf der Fläche verstreute Körner an.

Einladung

Kurzbeschreibung

Die Schüler gestalten den Entwurf für ein Einladungsplakat, das universell für viele Anlässe eingesetzt und kopiert werden kann.

Material

- Zeichenpapier (DIN A4)
- schwarze Filzstifte in verschiedenen Strichstärken
- Bleistift
- Radiergummi
- evtl. Papprest für Schablonen

So geht es

1. „Halbe" Köpfe

- Das Zeichenblatt wird in Hochformat bearbeitet. An den beiden Längskanten entstehen Entwürfe für Köpfe, von denen man jeweils nur die eine Hälfte sieht.
- Die Schüler arbeiten zunächst mit Bleistift:
  - Sie zeichnen die Hälfte eines Gesichtsovals (ca. 5 cm x 18 cm).
  - Man sieht nur ein Auge, eine Augenbraue, die Hälfte des Mundes und der Nase, aber sie gehören zu zwei verschiedenen Gesichttypen.
  - Am Oberkopf verlaufen Haarsträhnen (gekräuselte oder glatte Haare).
  - Es ist vielleicht auch ein Ohr (mit Schmuck) oder eine Haarspange zu sehen.
- Alle Entwurfslinien werden mit feinem schwarzem Filzstift nachgezogen.

2. Luftballons

- Die Mitte der Bildfläche nehmen zwei Luftballons an Schnüren ein, die untereinander angeordnet werden. Da sie den eigentlichen Plakattext aufnehmen sollen, müssen sie möglichst groß ausfallen.

Wenn sich die Schüler eine Pappschablone zurecht-schneiden, werden die Umrisse symmetrisch und die Flächen identisch.

- Die obere Ballonfläche wird mit dem Schriftzug „EINLADUNG" ausgefüllt.

Geben Sie den Schülern folgende Hinweise:

- Zeichne alles mit Bleistift vor.
- Lege die Buchstaben möglichst breit an („Ballon-Buchstaben" – vgl. Beispiel unten).
- Sie stehen nicht auf einer Linie, sondern „tanzen" und sind verschieden groß, damit die ganze Fläche ausgenutzt werden kann.
- Benutze Fantasieschriften!

- Die Fläche des zweiten (unteren) Ballons bleibt zunächst leer. Informationen über die Art der Veranstaltung, zu der eingeladen wird, können mit dem Computer geschrieben, ausgedruckt und nachträglich aufgeklebt werden.
- Alle Linien werden mit einem dickeren schwarzen Filzstift nachgezogen.

Segelboote

Kurzbeschreibung

Aus blauem und weißem Papier gestalten die Schüler im Collageverfahren eine bewegte Wasserfläche mit unterschiedlichen Segelbooten.

Material

- Tonpapier (DIN A4) in unterschiedlichen Blau- und Grüntönen
- weißes Papier (DIN A4): Kopierpapier, Umweltpapier, Transparentpapier
- Schere
- schwarzer Filzstift
- Lineal
- Klebestift
- Kopiervorlage (S. 85)

So geht es

1. Segel

Zeigen Sie den Schülern die Kopiervorlage. Segel verschiedenster Ausformung und Größe sollen die Fläche dominieren: Lassen Sie die Schüler eine Auswahl davon herstellen.

Die Schüler schneiden gleich, ohne Vorzeichnung, weiße Flächen aus Papier mit verschiedenen Weiß-Qualitäten aus (siehe Materialliste).

- Alles wird auf einem blauen oder grünen Hintergrund (DIN A4) arrangiert.
  Geben Sie den Schülern folgende Hinweise:
  - Große Segel rücken in den Vordergrund, kleine in den Hintergrund.
  - Segel können sich überschneiden.
  - Boote können einzeln oder in Gruppen segeln.
- Zunächst werden nur die am weitesten entfernt gelegenen Segel aufgeklebt.

2. Wellen

Aus blauem oder grünem Tonpapier, das sich kräftig vom gewählten Untergrund abhebt, schneiden die Schüler beliebige Wellenformen.

Auch hier sollte spontan ausgeschnitten und nicht vorgezeichnet werden!

- Sie kleben einige Formen entlang und über die Unterkante der bereits aufgeklebten Segelflächen auf. Durch Überlappen soll der Eindruck entstehen, dass sich die Boote zwischen und in den Wellen befinden.
- Erst jetzt erfolgt das Aufkleben der Segel von weiter im Vordergrund liegenden Booten: Die Segel überlagern zum Teil die bereits aufgeklebten Segel- und Wellenflächen!
- Die Schüler arbeiten erneut wie oben beschrieben und füllen noch weitere „Leerräume" mit unterschiedlichen Wellenformen.

3. Boote

- Die Boote selbst erscheinen nur zum Teil mit Bug oder Heck am Rande oder neben der Wellenformation und werden mit schwarzem Filzstift eingezeichnet.
- Mit Lineal und Filzstift erhalten die Boote einen mehr oder weniger breiten Mast. Takelagen können die Schüler beliebig anfügen.

Überraschungsbild

Kurzbeschreibung Die Schüler erstellen nach der Methode des „automatischen Zeichnens“ (nach Jean Dubuffet) ein Liniengebilde, das sie dann grafisch zu einem aussagekräftigen Bild umgestalten.

Material

- Zeichenpapier (DIN A4)
- schwarzer Filzstift oder Tuschestift

So geht es

1. „Automatisches“ Zeichnen

- Die Schüler legen ein weißes DIN-A4-Blatt längs oder quer vor sich hin. Sie schließen die Augen und überlegen sich Gegenstände, Personen oder Situationen, die sie zeichnen möchten (z.B. Gefäße auf einem Tisch, Schiffe auf See, Katze auf dem Sofa, Blumenvase, unser Auto ...).
- Sie beginnen an einem beliebigen Punkt und zeichnen mit einer Endloslinie, ohne abzusetzen, mit geschlossenen Augen die Motive neben- und übereinander.

- *Demonstrieren Sie die Methode anhand eines beliebigen Themas an der Tafel. Die Aufmerksamkeit der Schüler ist Ihnen gewiss!*

- *Machen Sie bei allen Schülern eine Kopie dieser ersten Zeichnung.*

2. Vom Gekritzel zum Bild

Jetzt kommt die Fantasie zum Einsatz:

- Das Bild, das zunächst wahrscheinlich wie ein „wirres Liniengeflecht“ wirkt, wird solange gedreht, bis man glaubt, etwas „herauslesen“ zu können. Dabei wird jetzt das ursprünglich angestrebte Thema außer Acht gelassen – die Fantasie entdeckt ganz neue Details und Zusammenhänge. So werden aus den „automatischen“ Zeichnungen „Dampfer“ und „Gefäße auf einem Tisch“ zum Beispiel „Kopf mit Brille“ und „Fische im Aquarium“ (vgl. Beispiele nächste Seite).
- Mit schwarzem Filzstift verdeutlichen die Schüler manche Linien, fügen Teile hinzu, schraffieren Flächen, setzen Strukturen und Muster, füllen Teilflächen aus, fassen Flächen zusammen, führen Linien weiter ...

- Das Überraschungsbild bekommt einen Namen und wird mit der ursprünglichen Version zusammen ausgestellt.

Fische im Aquarium

Kopf mit Brille

Open-Air-Kino

Kurzbeschreibung

Die Schüler gestalten ein Kino-Szenario: Lichtkegel aus verwischter Kreide projizieren einen Bildausschnitt auf eine Großleinwand. Die Zuschauermenge wird nur durch Strich-Symbole angedeutet.

Material

- ein beliebiger Bildausschnitt aus einer Zeitung (ca. 8 cm x 10 cm)
- schwarzes Tonpapier (DIN A4)
- Tonpapierreste
- farbige Tafelkreide
- weißer Buntstift
- Bleistift
- Lineal
- Schere
- Klebestift
- Fixativ oder Haarspray

So geht es

1. Großleinwand

- Die Schüler wählen einen Bildausschnitt aus mitgebrachten Zeitungen aus: eine Person (Sänger, Sportler), eine Szene (Fußballspiel, Rockkonzert), einen Schriftzug (Werbespruch). Der Ausschnitt hat ungefähr das Format 8 cm x 10 cm.
- Der Bildausschnitt erhält einen doppelten Rahmen, indem man ihn auf kontrastierendes Tonpapier klebt und mit einem kleinen Rand (ca. 0,5 cm) erneut ausschneidet. Der Vorgang wird nochmals mit einem anderen Tonpapier wiederholt.
- Die „Großleinwand" wird auf schwarzes Tonpapier (DIN A4) gelegt und ihre Lage mit Bleistift markiert, bevor man sie wieder beiseite legt.
- An den unteren Rand der Bildschirmfläche zeichnen die Schüler mit Lineal und weißem Buntstift ein Gerüst oder eine Haltevorrichtung, die die Leinwand trägt.

2. Lichtkegel

- Die Schüler markieren am oberen Rand des Tonpapiers drei Punkte, von denen aus Scheinwerfer Lichtkegel auf die Leinwand werfen sollen. Sie legen einen

Papierstreifen so an, dass er von der markierten Stelle am Rand bis zu einer der unteren Ecken der „Leinwand" reicht. Der Streifen dient als „Lineal", an dem man mit farbiger Tafelkreide einen dicken Strich zieht. Mit dem Finger verwischt man dann den Kreidestaub in die Innenfläche. Wenn man den Papierstreifen entfernt, wird eine scharfe Kante und eine diffuse Fläche sichtbar. Dieser Vorgang wird für die zweite Begrenzung des Lichtkegels wiederholt. Für jeden weiteren Lichtkegel wird eine andersfarbige Kreide verwendet.

! *Alle Kreidespuren müssen gleich kräftig mit einem Fixativ oder Haarspray eingesprüht werden, um ein Verwischen zu vermeiden!*

- Erst jetzt wird der Bildausschnitt aufgeklebt.

3. Zuschauermenge

- Die einzelnen Zuschauer im Publikum werden nur sehr klein und symbolisch angedeutet:
  - ein Punkt für den Kopf
  - „Gekritzel" für den Körper
  - kurze Striche für Arme und Beine.
- Die Schüler verwenden weiße Buntstifte. Einige Köpfe können auch in Gelb, Blau oder Grün gestaltet werden.
- Die Publikumsmenge konzentriert sich am unteren Bildrand. Durch verschieden weite Abstände entsteht der Eindruck von Ballung und Streuung.

Popsänger

Kurzbeschreibung

Durch Verbinden von Zahlen-Punkten entwerfen die Schüler den Kopf eines Popsängers, den sie dann zeichnerisch ergänzen.

Material

- Kopiervorlage (S. 86)
- Bleistift
- bunte Filzstifte
- Buntstifte
- Lineal
- Klebestift

So geht es

1. Aus Punkten entsteht ein Gesicht

Die Schüler gestalten aus den auf der Kopie vorgegebenen Zahlen ein Gesicht: Sie verbinden die Zahlenfolge in aufsteigender Reihenfolge (1, 2, 3 ... 50) und benutzen dazu einen dünnen schwarzen Filzstift und ein Lineal. Diese spielerische Art, das Thema einzuführen, motiviert Schüler, erzeugt aber zunächst identische Ergebnisse.

2. Individuelle Ausgestaltung

DIN-A4-Format

- Zunächst verändern die Schüler das Gesicht mit Bleistift:
- Sie zeichnen über die vorgegebenen Linien hinaus Haare, Augen, Nase, Mund, Ohren.
- Außerdem fügen sie eine Schulterpartie mit entsprechend gestalteter Kleidung hinzu.
- Die neu entstandenen Flächen und Teilflächen werden mit Strukturen und Mustern gefüllt. Dabei müssen die ursprünglichen Begrenzungslinien nicht mehr berücksichtigt werden. Für diese Arbeit verwenden die Schüler bunte Filzstifte und /oder Buntstifte.

- Im Hintergrund fügen sie den Kegel eines Scheinwerferlichts hinzu: Von einem beliebigen Punkt des Blattrandes aus zeichnen sie mit dem Lineal ein Strahlenbündel, das teilweise von der Gestalt des Popsängers verdeckt wird. Es wird mit gelben oder orangefarbenen Filzstiften gearbeitet.

DIN-A3-Format

- Dieses Mal ist die gesamte Figur des Popsängers zu sehen. Ober- und Unterkörper, Arme und Beine erscheinen bewusst zu klein im Verhältnis zum Kopf: Die Schüler erfahren, wie man im Sinne einer Karikatur eine Person verzerrt wiedergibt. Da sie Ähnliches aus Comics kennen, wirkt diese Aufgabenstellung sehr motivierend.
- Das Gesicht wird wie oben beschrieben gestaltet.
- Ein Popsänger ist bei seinem Auftritt stets in Bewegung: Arme und Beine erscheinen in verschiedenen Haltungen oder abgespreizt vom Körper.
- Er hält Gegenstände, wie ein Mikrofon oder ein Musikinstrument, in der Hand.
- Er trägt ausgefallene Kleidung und Schmuckstücke: T-Shirt mit Aufschrift, gemusterte Hosen, Stiefel, Halstuch, Umhang, Gürtel, Piercings …
- Mit verschiedenfarbigen Filzstiften und Buntstiften sollen die Schüler das „Poppige" des Bildes betonen, indem sie die Figur mit Mustern oder farbigen Flächen ausgestalten.

Hautpartien sollten unbearbeitet bleiben oder nur schwach abgetönt werden.

- *Bei der Ausarbeitung im DIN-A3-Format kann eine DIN-A4-Kopie in die obere Hälfte eines Zeichenblatts geklebt werden.*
- *In keinem Fall sollten sich die Schüler mit der „Herstellung" des Kopfes begnügen. Erst das kreative Weitergestalten stellt die eigentliche künstlerische Arbeit dar!*

Spitzen-Dame

Kurzbeschreibung

Im Collageverfahren erstellen die Schüler mit Hilfe der „Spitzendeckchentechnik" das Porträt einer Dame mit Haube. Falten und Einschneiden bewirken zusätzlich einen 3-D-Effekt.

Material

- Fotokarton (DIN A3) in einer dunklen Farbe
- Tonpapier (DIN A4) in einer hellen Farbe
- Kopierpapier (DIN A4)
- Bleistift
- Schere
- Klebestift
- Kopiervorlage (S. 87)

So geht es

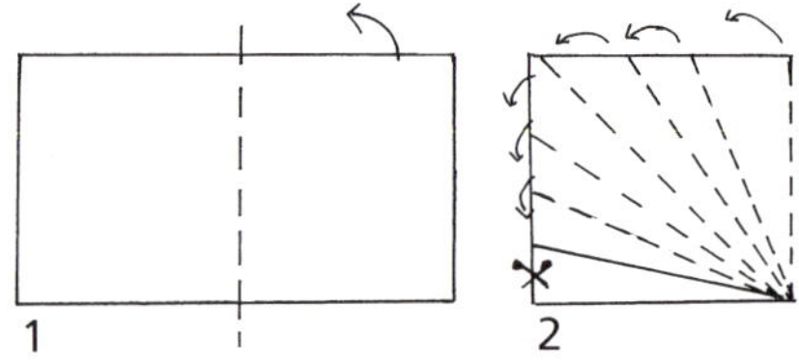

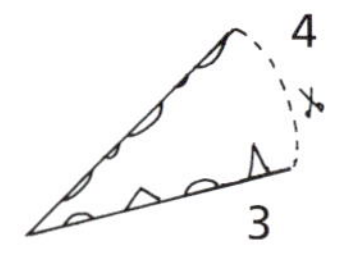

1. Spitzendeckchen

- Ein weißes DIN-A4-Blatt wird quer in der Mitte gefaltet. Von der Knickkante aus klappt man das (doppelt genommene) Papier wiederholt so um, dass eine kleine keilförmige Fläche entsteht (vgl. Skizze Schritt 1 und 2).
- Mit einer Schere werden jetzt durch alle Knickränder hindurch kleine eckige und runde Formen ausgeschnitten (vgl. Skizze Schritt 3).
- Um den Eindruck eines „Deckchens" zu erhalten, kann man die restliche Schnitt-Kante noch abrunden oder mit kleinen Zacken versehen (vgl. Skizze Schritt 4).
- Wenn man die Papierfläche wieder auseinanderfaltet, zeigen sich Faltkanten und Einschnitte, die fächerartig auf einen Punkt zulaufen.
- Zum Experimentieren werden mehrere Varianten erstellt.

2. Kopf im Profil

- Auf helles Tonpapier (Hellblau, Gelb, Orange …) wird die Profillinie eines Kopfes gezeichnet. Sie soll sich über Stirn, Nase und Kinn bis zum Halsansatz fortsetzen. Dabei arbeiten die Schüler entlang einer leicht geschwungenen Linie als Hilfslinie (vgl. Skizze Schritt 5) und nutzen das Blatt in seiner ganzen Länge aus.
- Die Schüler vervollständigen den Kopf durch eine Linie, die Hinterkopf, Hals und Rücken andeutet. Dabei nutzen sie die restliche Fläche des Tonpapiers so weit wie möglich aus.

- Der vorgezeichnete Kopf wird ausgeschnitten und auf den Fotokarton (DIN A3) geklebt.

6

Passend zur Profilfläche können sie noch ein „Haarteil" aus einem andersfarbigen Tonpapier ausschneiden und aufkleben (vgl. Skizze Schritt 6).

3. Experimentierphase: Spitzen überall

- Die Schüler drapieren die Spitzendeckchen auf und um den Kopf:
  - als Haube
  - als Haarnetz
  - als Kragen
  - als Schleife oder Chapeau
  - als Fächer
  - als Haarband …
- Dabei schneiden sie die vorgefertigten Teile zurecht, falten sie auf oder drücken sie zusammen. Lose abstehende Ränder und Enden werfen Schatten, und es ergibt sich ein 3-D-Effekt.

Die gefalteten Papierflächen dürfen ruhig über den Rand des Fotokartons hinausragen.

4. Befestigen

- Die endgültige Position wird vor dem Aufkleben mit Bleistift markiert.
- Alle Teile werden nur punktuell mit Klebstoff bestrichen und angedrückt.
- „Empfindliche", überstehende Partien werden durch kleine Kartonteile, die man an der Rückseite aufklebt, stabiler gemacht.

Verwenden Sie für die „Spitzendeckchen" weißes Kopierpapier oder Papier in ähnlicher Qualität, da es sich leichter verkleben lässt.

Chinesischer Teller

Kurzbeschreibung

In die Mitte eines Papptellers zeichnen die Schüler die Figur eines Drachens und verzieren den Rand mit chinesisch anmutenden Schriftzeichen.

Material

- weißer Pappteller (Durchmesser ca. 20–25 cm)
- Bleistift
- Filzstifte in verschiedenen Strichstärken
- Kopiervorlage (S. 88) als Folie
- Overheadprojektor

So geht es

1. Drachenmotiv

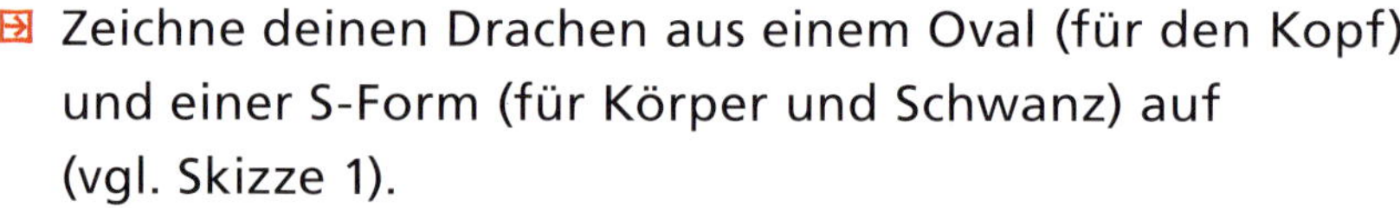

1

Geben Sie den Schülern folgende Hinweise:

- Zeichne deinen Drachen aus einem Oval (für den Kopf) und einer S-Form (für Körper und Schwanz) auf (vgl. Skizze 1).
- Gestalte um diese Hilfslinien herum den Körper und Kopf des Drachen.
- Füge Höcker, Flügel, Nüstern, Augen, Beine und Klauen hinzu.
- Beachte, dass dein Drache die Fläche in der Mitte des Tellers ausfüllen soll.

Mache zuerst eine Probezeichnung auf einem Extra-Blatt!

- Wähle kräftige Filzstift-Farben (z.B. Rot und Grün) und male den Drachen aus.
- Versieh ihn noch mit Schuppen, Warzen, Haaren.
- Ziehe wichtige Umrisslinien, zum Beispiel die Außenkonturen, mit schwarzem Filzstift nach.

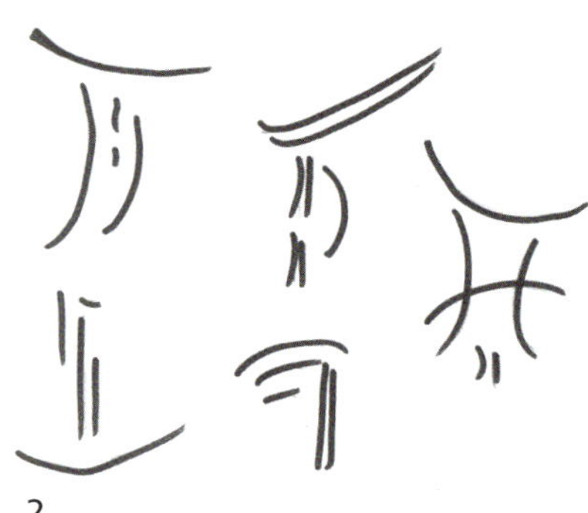

2

2. Der Tellerrand

- Die Schüler zeichnen zuerst, wiederum mit Bleistift, „chinesische" Schriftzeichen auf den Tellerrand. Dabei erfinden sie beliebige Kombinationen aus kurzen oder längeren Strichen und Punkten (vgl. Skizze 2).
- Zeigen Sie die Kopiervorlage mit echten chinesischen Schriftzeichen als Folie!
- Die Entwürfe werden dann mit einem dickeren schwarzen Filzstift nachgezogen.
- Regen Sie an, den Stift wie einen Pinsel einzusetzen.

- *Alternativ können Sie das Drachenmotiv in der Teller-Mitte durch ein großes „chinesisches" Schriftzeichen ersetzen. Soll der Teller als Geschenk dienen, wählt man zum Beispiel die Anfangsbuchstaben eines bestimmten Namens.*
- *Setzen Sie die Aufgabe im Rahmen des handlungsorientierten Unterrichts zusammen mit dem Lesen eines Drachen-Märchens ein.*

Tiergesichter

Kurzbeschreibung

Die Schüler ergänzen die Kopie eines Tierporträts, das das Tier in Frontalansicht nur zur Hälfte zeigt, mit einer „menschlichen" Hälfte.

Material

- Zeichenpapier (DIN A3)
- Kopiervorlagen (S. 89) in DIN A4
- Bleistift
- schwarzer Kugelschreiber oder Filzstift
- Schere
- Klebestift

So geht es

1. Vorbereitung

- Die Schüler wählen ein Tierporträt aus. Dabei sollen sie sich schon Gedanken machen, welche Ähnlichkeiten mit der menschlichen Physiognomie sich entdecken lassen.
- Sie schneiden den Hintergrund des Bildes weg.
- Mit einer Bleistiftlinie markieren sie die Mitte des Zeichenblattes, das quer vor ihnen liegt.
- Sie kleben die Abbildung rechts oder links von der Mitte des Blattes auf.

2. Ergänzen der fehlenden Hälfte

- Die Schüler beginnen nun, mit Bleistift oder gleich mit schwarzem Kugelschreiber oder Filzstift die fehlende Hälfte zu rekonstruieren.
  Geben Sie den Schülern folgende Hinweise:
  - Zeichne kein genaues Spiegelbild der Abbildung. Das bedeutet, dass sich Proportionen (Größe des Gesichtes oder Teile davon) verschieben können. Die Kopfform kann also ausladender oder schmaler ausfallen.
  - Versuche, die neue Gesichtshälfte mit menschlichen Gesichtszügen zu gestalten. Dies kannst du zum Beispiel bei der Augenstellung, der Verbindung von Maul und Mund, besonderen Ohrformen oder bei der Größe der Nasenlöcher … erreichen.
- Wichtig ist, dass die Schüler Witziges und Überraschendes einfügen und so spielerisch bereits Grundzüge der Karikatur kennenlernen: Übertreiben und Verzerren.

- Alle angeschnittenen Linien und Flächen werden weitergeführt. Je weiter sich die Schüler mit dem Stift von dem Tierporträt entfernen, desto mehr können sie ihrer Fantasie Raum geben.
- Fell, Haare, Flecken werden zeichnerisch als grafische Strukturen begriffen und umgedeutet. So können sie sich zu Stacheln, Locken, Narben etc. entwickeln.

Einzelne Härchen werden durch kurze nebeneinanderliegende Striche angedeutet. Die Haare immer in Wuchsrichtung zeichnen!

3. Tipps zur weiteren Ausarbeitung

- Lassen Sie die Schüler witzige Namen für das Tierporträt erfinden: Katzen-Mädchen, Pferde-Narr, Maul-Held, Locken-Tiger, ...
- Wenn noch Zeit bleibt, können sie auch den Hintergrund auf unterschiedliche Weise gestalten:
  - durch Schraffieren mit dem Bleistift,
  - durch senkrechte oder waagrechte Linien (Lineal!), die hinter dem aufgeklebten Tierporträt verlaufen.

Foto: © RHJPhtotos – Shutterstock.com; Illustration: Gerlinde Blahak (siehe auch Seite 83)

Indianische Götterboten

Kurzbeschreibung

Vorgegebene Teilskizzen leiten die Schüler an, indianische Figuren aus geometrischen Formen zu konstruieren.

Material

- Kopiervorlagen (S. 91) in DIN A3
- Foto der Kachina-Puppen (S. 90) als Folie
- Bleistift
- Buntstift
- schwarzer Filzstift
- Lineal
- Overheadprojektor

So geht es

1. Einführung in das Thema

- Zeigen Sie die indianischen Kachina-Puppen als Folie auf dem Overheadprojektor.
- Wichtig: Nehmen Sie die Vorlagen während der nachfolgenden Arbeit wieder weg, da die Schüler die Vorlagen nicht imitieren sollen!
- Besprechen Sie die charakteristischen Merkmale:
  - Die Figuren bauen sich aus geometrischen Formen auf: Rechtecken, Kreisen, Dreiecken …
  - Der Oberkörper ist im Gegensatz zum Unterkörper und den Beinen überlang.
  - Die Figuren haben ausladende Köpfe.
  - Die Körperflächen werden durch geometrische Muster unterteilt.
  - Symbole wie Feder, Pfeil, Zweig, Medizinbeutel unterstreichen die Aufgabe der Götterboten.

2. Entwurf: Götterbote

Die Schüler konstruieren die Figur mit Lineal und Bleistift nach den besprochenen Vorgaben. Um den Aufbau der Figur zu erleichtern, arbeiten die Schüler an den Kopiervorlagen weiter, die Sie ihnen austeilen. Sie ergänzen die fehlenden Teile, vergrößern und unterteilen Flächen, fügen Details (z.B. Federn) hinzu und entwerfen Muster für die einzelnen Körperflächen.

Je nachdem, wie Sie die Lösungen später verwenden wollen, kann auf DIN-A4- oder DIN-A3-Papier gearbeitet werden.

3. Ausgestaltung der Figur

Die Ausarbeitung erfolgt mit Buntstiften. Weisen Sie darauf hin, dass die Indianer normalerweise nur Naturfarben verwenden: Blau, Grün, Rot, Braun, Ocker, Schwarz, Weiß. Alle Konturen werden mit schwarzem Filzstift nachgezogen (Lineal verwenden!)
Der Hintergrund wird mit Bleistift schraffiert und die Grafitschicht mit dem Finger leicht verwischt. Jetzt heben sich auch weiße Flächen gut vom Untergrund ab.

4. Weitere Möglichkeiten

- Die Schüler verwenden statt Buntstiften schwarze Filzstifte in verschiedenen Strichstärken. Farben werden durch grafische Muster und Strukturen ersetzt.
- Der Hintergrund wird entweder mit dem Bleistift schraffiert (siehe oben) oder durch senkrechte oder waagrechte Linien unterteilt (auch hier Lineal verwenden!). Es entsteht ein deutlicher Figur-Grund-Bezug.

Ufos im Anflug

Kurzbeschreibung

Die Schüler schneiden aus farbigem Tonpapier Bergzüge aus, staffeln diese hintereinander und kleben sie auf. Aus weißem Papier falten sie fliegende Objekte, die sie mit Filzstift ausgestalten und in die Landschaft montieren.

Material

- Tonpapier (DIN A4) in Braun, Hell- und Dunkelgrün, Blau, Grau, Schwarz
- weißes Kopierpapier (DIN A4)
- Kopiervorlage (S. 92) als Folie
- Overheadprojektor
- schwarzer Filzstift
- Schere
- Klebestift
- Tacker

So geht es

1. Bergzüge für den Hintergrund gestalten

- Die Schüler wählen Tonpapier in einem Blauton für den Himmel und legen es quer vor sich hin.
- Aus einem weiteren Blatt Tonpapier, z.B. in der Farbe Hellgrün, schneiden sie ohne Vorzeichnung die Silhouette einer Bergkette aus.

Weisen Sie darauf hin, dass Bergkuppen gerundet oder spitz sein können und dass die Abstände zwischen ihnen (Täler) unterschiedlich groß sind.

- Die erste Silhouette wird gleich auf das Blatt geklebt.
- Die Schüler verfahren nun mit Tonpapier in anderen Farbstellungen ebenso, achten aber darauf, dass möglichst keine gleich geformten Spitzen oder Täler hintereinander zu sehen sind.

Schmale geschwungene Silhouetten aus Tonpapier-Resten deuten im Vordergrund Buschwerk und Felder an.

- Durch die Aneinanderreihung der Höhenzüge wird die Ausgangsfläche (DIN A4) etwa um die Hälfte vergrößert. Zum Schluss begradigen die Schüler die Ränder mit der Schere.

2. Flugobjekte falten

- Die Schüler falten nach der Anleitung (vgl. Kopiervorlage) Papierflieger aus weißem Kopierpapier. Sie verwenden dazu als Ausgangsfläche ein Stück Papier in DIN-A5-Größe oder kleiner.

Das Ausgangsformat kann leicht durch Falten und Zerschneiden aus einem DIN-A4-Blatt erstellt werden.

- Lassen Sie die Schüler mit der Grundform des Fliegers experimentieren, indem sie noch weitere Faltungen durchführen oder das Objekt auf der „Rückseite" weiterbearbeiten. Mit Hilfe einer Schere können auch die rückwärtigen Teile der Flieger zugeschnitten werden. Es sollen mindestens drei Flugobjekte in unterschiedlicher Größe entstehen.
- Die Schüler gestalten die Flieger mit schwarzem Filzstift aus. Sie erfinden Streifen, Wellenlinien oder andere Muster, die den weißen Flächen ein unterschiedliches Aussehen verleihen.

3. Montage

- Die Flugobjekte werden mit einem Tacker auf dem Hintergrund befestigt. Dabei sollten sie nur mit einer einzigen Klammer angetackert werden, die in einer „Falte" möglichst unsichtbar angebracht wird.
- Lassen Sie die Ufos so auf den Hintergrund befestigen, dass sie aus verschiedenen Richtungen zu kommen scheinen.

Unsere Klasse

Kurzbeschreibung

Die Schüler fertigen aufrecht stehende Ganzporträts von sich selbst an. Miteinander lassen sie sich zu einem bunten Klassenbild arrangieren.

Material

- Fotokarton in hellen Farben (DIN A4)
- schwarzer Fotokarton (Reste)
- Bleistift
- Filzstifte in verschiedenen Strichstärken
- Marker
- Buntstifte
- Schere
- Klebestift
- Tacker
- Wäscheklammern
- Kopiervorlage (S. 93) als Folie
- Overheadprojektor

So geht es

1. Figuren-Schablone

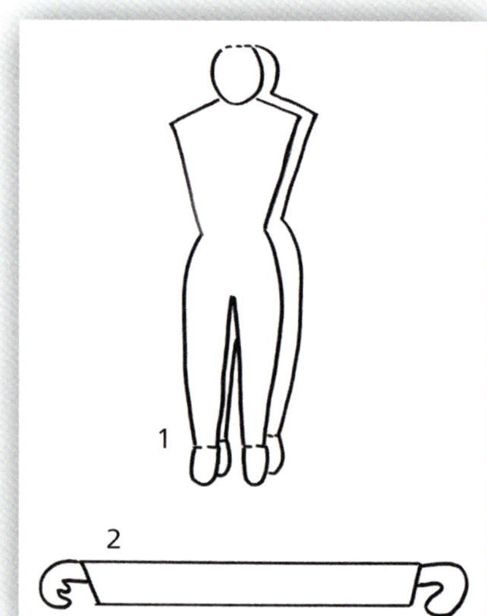

- Die Schüler schneiden sich aus Fotokarton einen Streifen mit der Fläche 6 cm x 30 cm zurecht und klappen ihn in der Mitte zusammen.
- Auf eine Hälfte zeichnen sie mit Bleistift die Umrisse einer Figur (ohne Arme). Dabei beginnen sie mit einem Oval als Kopf und den Füßen, die nach unten aufgeklappt erscheinen (vgl. Skizze 1). Zeigen Sie den Schülern die Skizzen mit dem Overheadprojektor.
- Die Figur wird doppelt ausgeschnitten und sollte am Kopf noch zusammenhängen.

Wenn die Schüler eine besondere Frisur, Kopfbedeckung oder Ohren anbringen wollen, müssen sie das vor dem Ausschneiden aufzeichnen!

- Die Arme werden entweder einzeln oder als Ganzes, zusammenhängend mit der Schulterpartie, aus einem Kartonstreifen geschnitten (vgl. Skizze 2).
- Man schiebt sie zwischen die doppelten Lagen der Figur und befestigt sie mit einem Tacker. Dadurch wird auch gleichzeitig die obere Körperpartie der Figur verbunden und stabilisiert.

2. Selbstporträt gestalten

- Jeder Schüler versucht, der Schablone porträt-ähnliche Züge zu geben (Brille, Frisur, Augen- und Mundform, charakteristische Kleidung).
- Die Vorderseite des jeweiligen Kleidungsstücks ziert ein Logo mit dem Anfangsbuchstaben des eigenen Namens.
- Nun werden mit Stiften aller Art die Details ausgestaltet. Hautpartien (z.B. an den Händen, im Gesicht) bleiben unbearbeitet. An den Füßen sieht man nur die vordere Hälfte der Schuhe.
- Die Schüler gestalten auch die Rückseite farbig und führen Muster und Linien weiter.

3. Standfläche anfertigen

- Als Erstes werden die Füße (doppelt) nach vorne und oben abgeknickt.
- Dann zieht man das hintere Paar, das als Stabilisator dient, etwas vom Körper weg.
- Aus schwarzem Fotokarton schneiden sich die Schüler eine kleine „Plattform" (ca. 8 cm x 8 cm) zurecht, auf der die Figur stehen soll.
- Je ein umgeklappter Fuß des vorderen und hinteren Beinpaares wird an der Sohle mit Klebstoff bestrichen und auf die Kartonfläche gedrückt.
- Zwei Wäscheklammern pressen die Klebeflächen bis zum Trocknen auf der Standfläche fest.

Auf einem großen schwarzen Fotokarton (DIN A2) werden die verschiedenen Schülerporträts arrangiert. Dieses etwas außergewöhnliche Klassenbild könnten Sie gut an einem Elternabend präsentieren.
Vergessen Sie nicht den Klassenlehrer inmitten seiner Klasse als besondere Idee!

Zierfische

Kurzbeschreibung: Aus Zeitungspapier fertigen die Schüler plastische Fische.

Material:

- Zeitungspapier
- Bleistift
- Tacker
- Schere
- durchsichtige Noppenfolie
- Woll-/Jutefäden
- Wasserfarbkasten
- breiter Pinsel
- Wasserbehälter mit Wasser
- Filzstift
- Marker
- Locher

So geht es:

1. Fischkörper aus Zeitungspapier

- Die Schüler legen vier Seiten Zeitungspapier übereinander.
- Sie zeichnen auf der obersten Lage mit Bleistift eine einfache Form eines Fischkörpers vor und schneiden sie durch alle Lagen hindurch aus.
- Mit einem Tacker tackern sie ca. 0,5 cm vom Rand entfernt das Papierpaket zusammen.

An der Bauchseite wird eine große Öffnung, an Rücken und Schwanz eine kleinere Öffnung frei gelassen.

- Die Schwanzflossen werden fransenartig eingeschnitten.

2. Flossen und Volumen

Aus durchsichtiger Noppenfolie schneiden die Schüler Rücken- und Schwanzflossen zurecht, die sie in die vorgesehenen Öffnungen stecken und festtackern.
Durch die Öffnung an der Bauchseite wird der Fischkörper jetzt mit Zeitungspapier ausgestopft. Dazu faltet man kleine Papierpäckchen, die man locker über- und aneinander in die Bauchhöhle schiebt. Zum Schluss schließt man die letzte Öffnung mit Klammern. Dabei wird noch eine Bauchflosse aus Noppenfolie mit angetackert.

3. Farbige Ausgestaltung

- Die Schüler arbeiten auf einer Unterlage aus Zeitungspapier.
- Mit Wasserfarben und einem breiten Pinsel werden Farbflächen als Streifen oder Flecken aufgetragen. Am Besten bearbeitet man beide Seiten gleichzeitig, indem man dieselbe Farbspur sofort auf der Vorder- und Rückseite des Fisches aufträgt. Da Wasserfarben sehr schnell vom Zeitungspapier aufgesaugt werden, ist Verwischen kaum möglich.

Um eine intensivere Farbgebung zu erreichen, können bemalte Flächen mehrmals übermalt werden.

- Während einer kurzen Trocknungsphase stellen die Schüler Augen aus farbigem oder weißem Tonpapier her. Sie schneiden (doppelt!) runde oder ovale Augenformen aus, malen eine Iris und Pupille auf und kleben die Form an die vorgesehenen Stellen auf den Fischkörper.
- Mit breiten Filzstiften oder Markern setzt man nun Punkte auf die Farbflächen oder versieht sie mit Streifen oder Zackenmustern. Ein Fischmaul wird aufgezeichnet und die Rundung der Augen betont.

Auch die Noppenfolie lässt sich gut bemalen!

4. Fertigstellung

- Mit einem Locher stanzt man je ein Loch unterhalb des Mauls und in die Rückenflosse.
- Durch die eine Öffnung werden Woll- oder Jutefäden als Bartfäden gezogen und verknotet. Durch die Rückenflosse führt man einen dünnen Faden, an dem der Fisch dann frei schwebend aufgehängt werden kann.

Kopier- und Fotovorlagen für

Jahrgangsstufe 4

Futterplatz – Seite 56/57

Abb.: Gerlinde Blahak

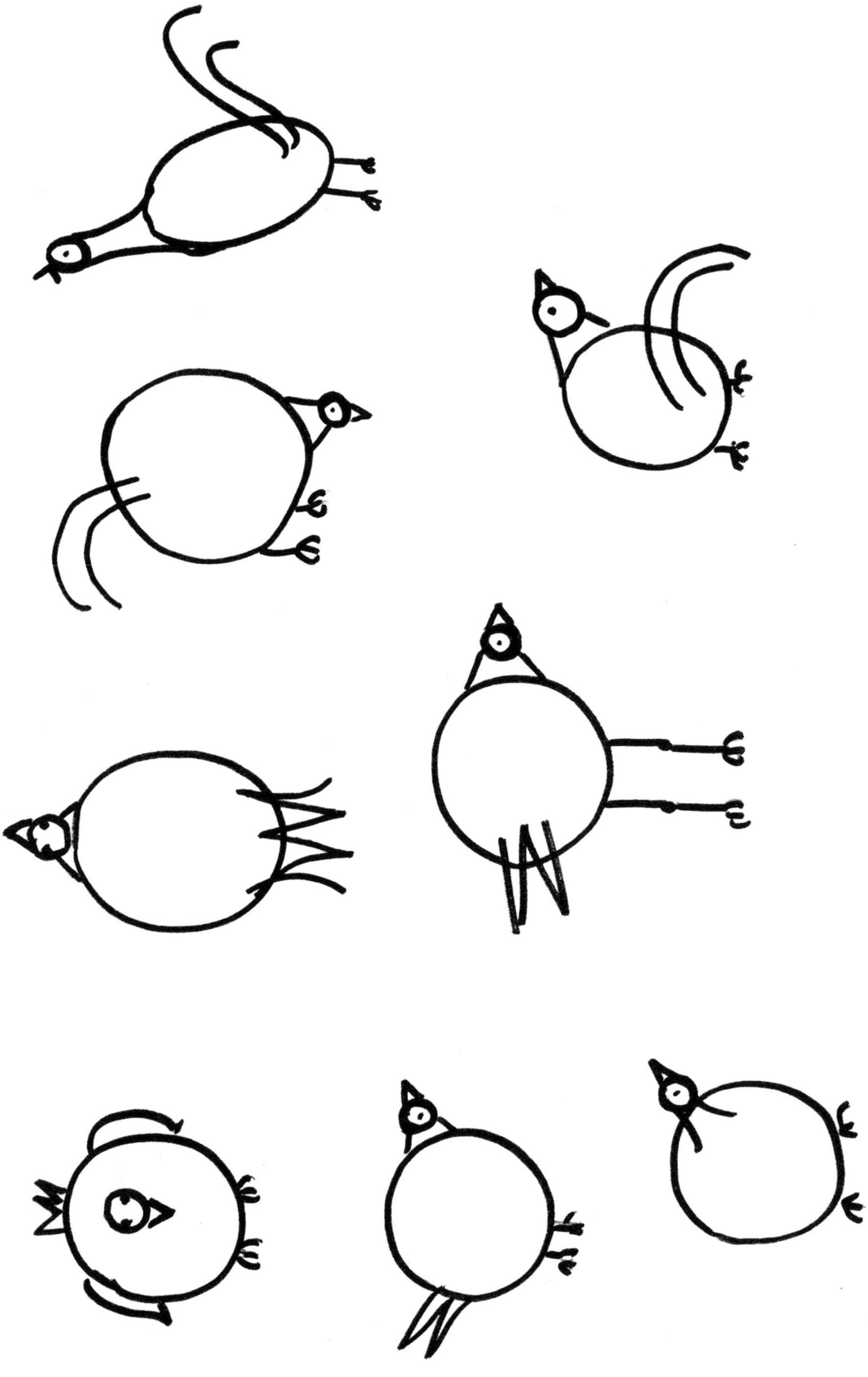

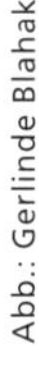

Segelboote – Seite 60/61

Abb.: Gerlinde Blahak

Popsänger – Seite 66/67

Abb.: Gerlinde Blahak

Spitzen-Dame – Seite 68/69

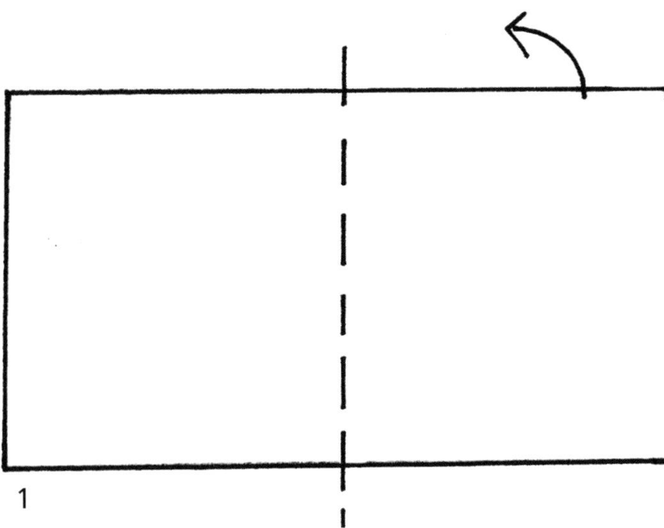

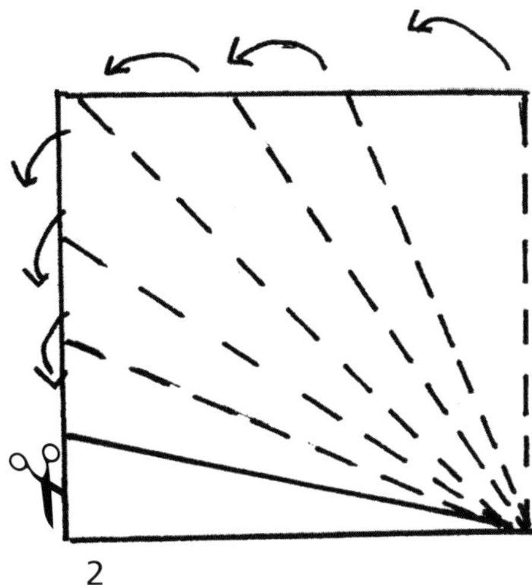

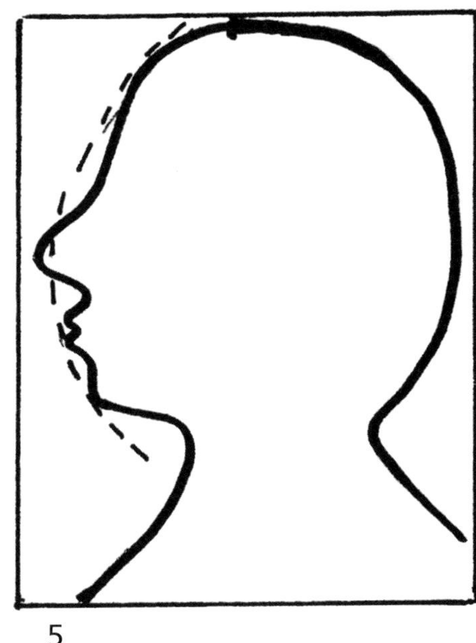

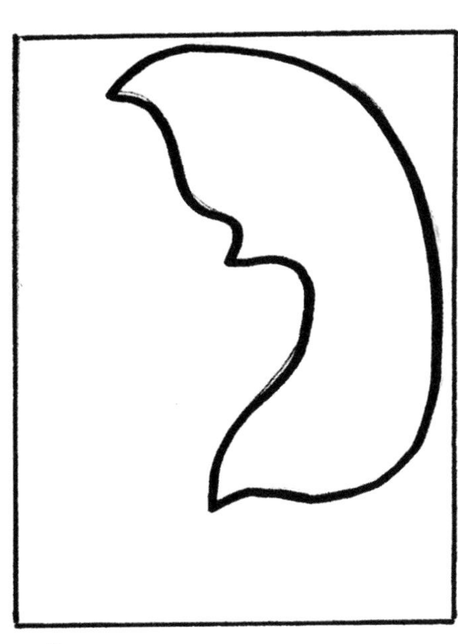

Abb.: Gerlinde Blahak

Chinesischer Teller – Seite 70/71

Chinesische Schriftzeichen

Schriftzeichen sind keine Buchstaben, sondern bedeuten immer etwas:

Mensch

书

Buch

中 + 国 = **China**

Mitte **Land**

自 + 行 + 车 = **Fahrrad**

selbst **fahren** **Wagen**

Abb.: Gerlinde Blahak

Tiergesichter – Seite 72/73

Fotos: © RHJPhtotos – Shutterstock.com

Indianische Götterboten 1 – Seite 74/75

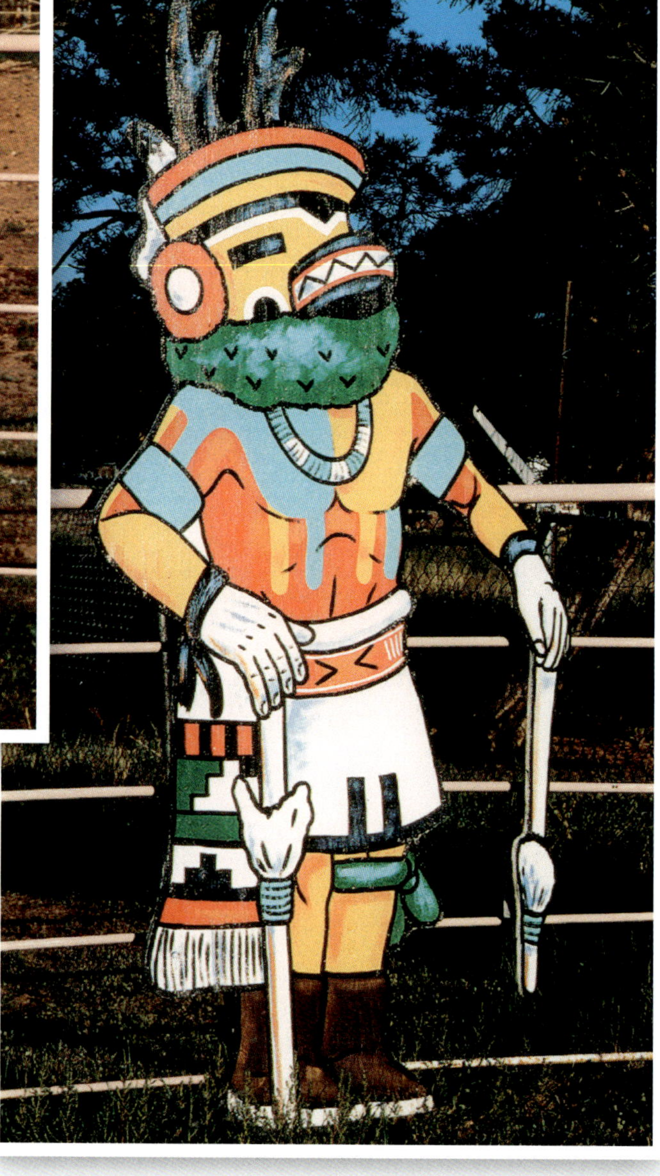

Fotos: Gerlinde Blahak

Indianische Götterboten 2 – Seite 74/75

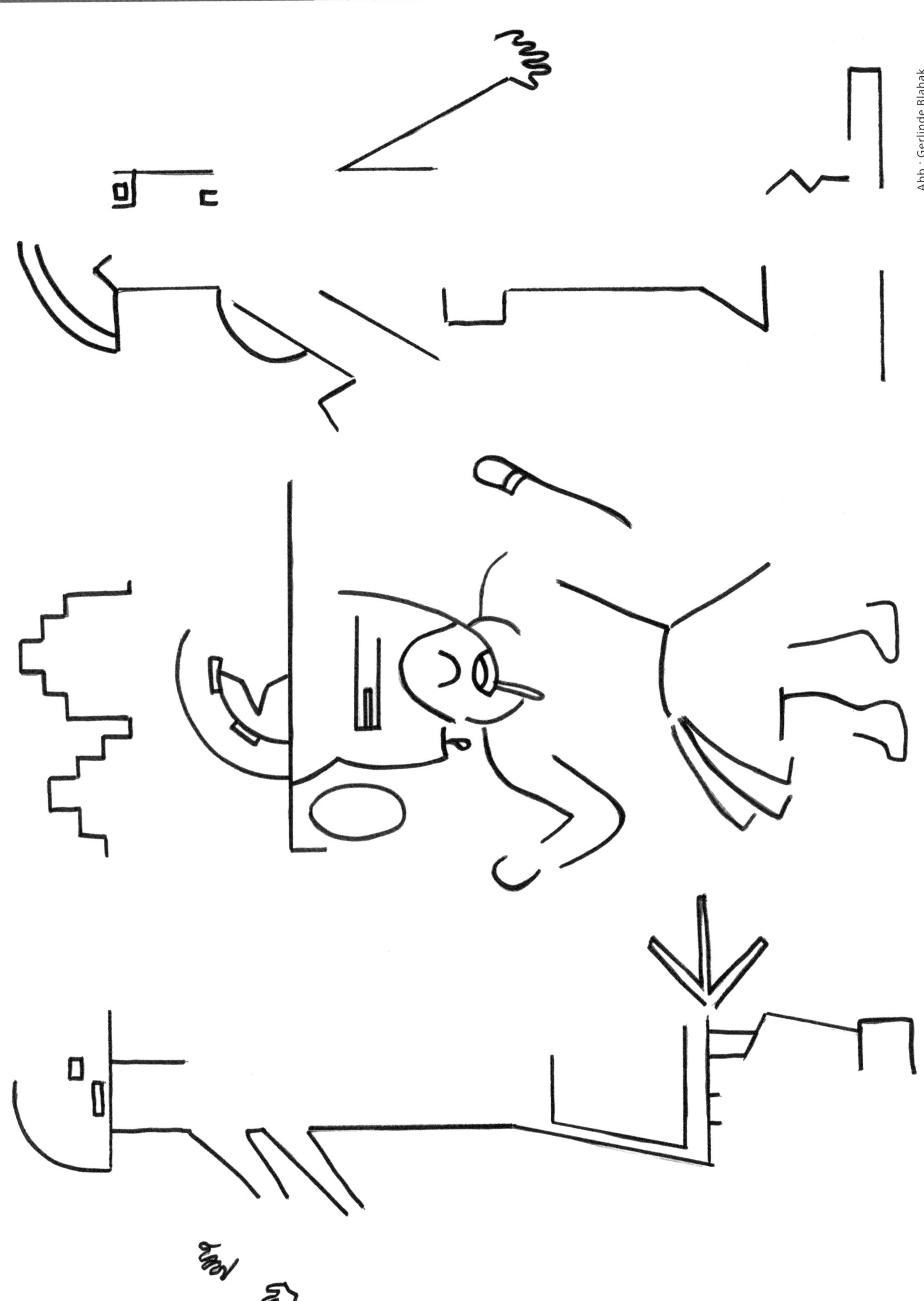

Abb.: Gerlinde Blahak

Ufos im Anflug – Seite 76/77

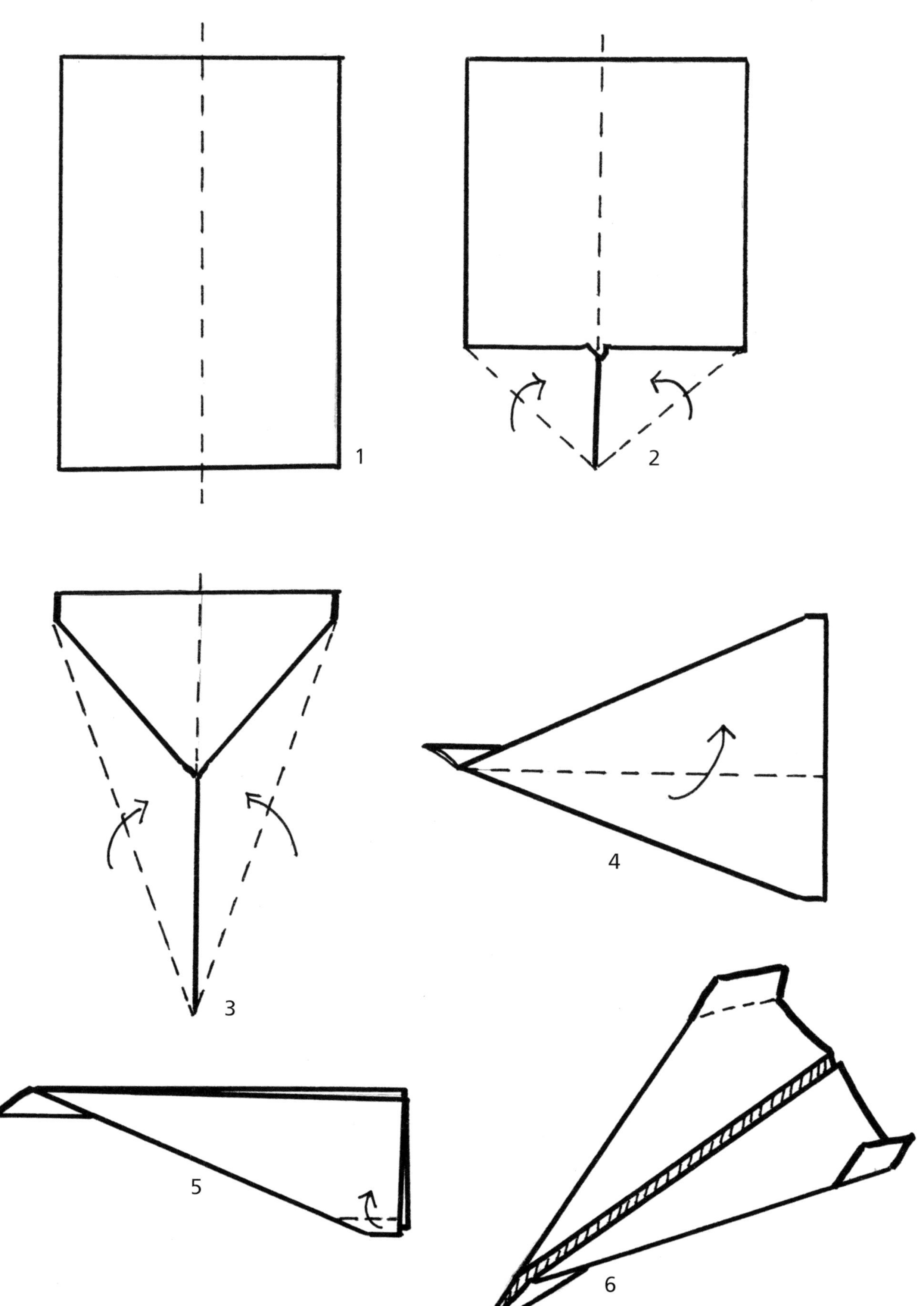

Abb.: Gerlinde Blahak

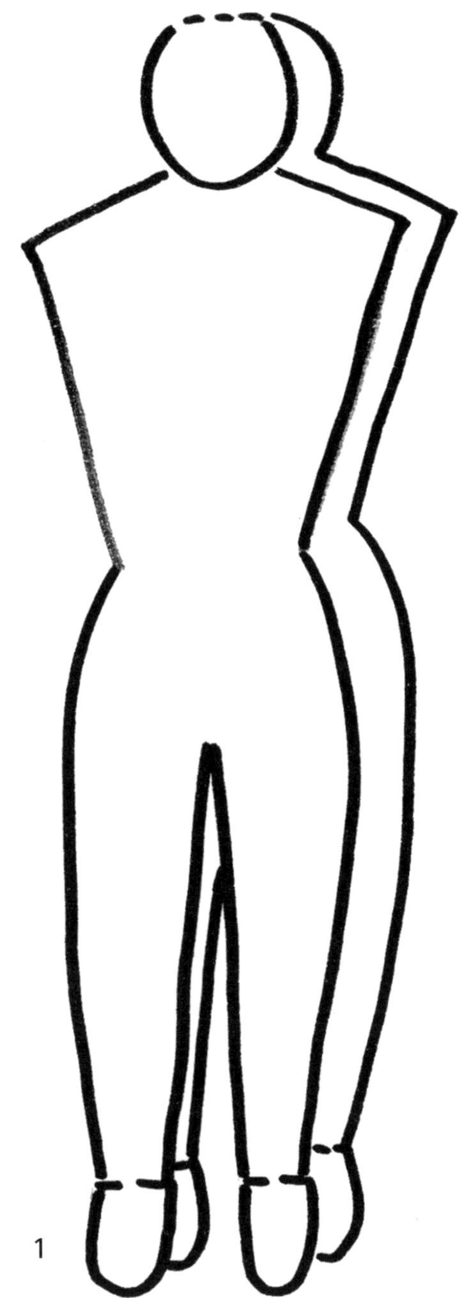

Abb.: Gerlinde Blahak

Notizen

Notizen